우리... 사랑할까요?

우리...사랑할까요?

지은이| 박수웅
초판발행| 2006. 1. 9
15쇄발행| 2016. 5. 2
등록번호| 제 3-203호
등록된 곳| 서울시 용산구 서빙고로 65길 38
발행처| 사단법인 두란노서원
영업부| 749-1059 FAX 080-749-3705
출판부| 794-5100(#325)
인쇄처| 아트프린팅
■ 책값은 뒤표지에 있습니다.
ISBN 89-531-0599-4
ISBN 978-89-531-0599-7
■ 독자의 의견을 기다립니다.
tpress@tyrannus.co.kr http://www.duranno.com

CCI 8

두란노서원은 바울 사도가 3차 전도 여행 때 에베소에서 성령 받은 제자들을 따로 세워 하나님
의 말씀으로 양육하던 장소입니다. 사도행전19장 8-20절의 정신에 따라 첫째 목회자를 돕는
사역과 평신도를 훈련시키는 사역, 둘째 세계선교(TIM)와 문서선교(단행본·잡지)사역, 셋째 예
수문화 및 경배와 찬양 사역, 그리고 가정·상담 사역 등을 감당하고 있습니다. 1980년 12월
22일에 창립된 두란노서원은 주님 오실 때까지 이 사역들을 계속할 것입니다.

우리... 사랑 할까요?

박수웅 지음

두란노

Contents

여는 글 · · · · · · · · · · · · · · · · · 06

추천합니다~ · · · · · · · · · · · · · · · · · 08

Chapter 1
성 격
· · · · · · · · · · · · · · · · · 16

38 · · · · · · · · · · · · · · · · · Chapter 2
신 앙

Chapter 3
성
(스킨십, 성교육) · · · · · · · · · · · · · · 68

104 · · · · · · · · · · · · · · · · · Chapter 4
취 향

Chapter 5
가정환경 124

140 ....
Chapter 6
주위의 반대

Chapter 7
여자는 왜?
남자는 왜? 150

160 ....
Chapter 8
이별 후유증

Chapter 9
문제는 바로 '나' 170

여 는 글
박수웅 장로

"너무 늦게 나와 죄송합니다~."

청년들의 해맑은 미소가 좋아서, 잃어버린 그들의 미소를 되찾아 주는 일이 좋아서 전 세계로 집회를 다니던 제가, 집회만으로는 할 수 없었던 얘기를 책으로 엮은 「우리…사랑할까요?」가 청년 여러분의 폭발적인 사랑을 받은 지도 벌써 2년이 지나고 있습니다. 분신 같은 그 책이 제가 찾아가지 못하는 지역의 청년들을 격려하며 다시 일으켜 세우고 있다는 기쁜 소식이 줄을 이어 참으로 감사할 따름입니다. 그러나 그런 중에도 저의 심중에는 아쉬움이 조금씩 그 키를 키우고 있었습니다. 다름 아니라 집회 및 세미나 현장에서 접한 청년들의 개별 질문과 상담 내용들이 그냥 묻어두기에는 참 귀하고 아깝다는 생각을 오래 전부터 해 왔었기 때문입니다. 그런데 이심전심인지 실제로 「우리…사랑할까요?」 출간 후, 저는 청년 여러분들의 끊임없는 하소연을

들어야 했습니다. "왜 이런 내용을 다룬 책을 내지 않으시냐는."

　지금에나마 이렇게 기쁜 소식을 전하게 되어 얼마나 감사한지 모르겠습니다. 청년 여러분, 여러분이 아니 무엇보다 제가 기다렸던 「우리…사랑할까요? Q&A」가 드디어 나왔습니다. 너무 늦게 나와 죄송합니다. 사실은 밤새 상담하느라 집필할 시간이 없었습니다~. 아무쪼록 청년 여러분들이 그동안 궁금했던 점들이 조금이나마 풀리기를 바라며 하나님의 전능하시고 사랑하심이 형제들과 자매들의 마음에 함께하시길 기원합니다.

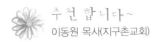

추천 합니다~
이동원 목사(지구촌교회)

"이 시대 젊은이와 함께
울고 웃으며 만든 Q&A 고전"

박수웅 장로님은 영원한 청년 전도자요 상담가이십니다.

그가 있는 곳에 젊은이들이 있고 젊은 영혼들이 있는 곳에 그가 있습니다.

예수와 청년은 그가 인생을 사는 이유이기도 합니다.

이 책은 그동안 그가 청년들의 고뇌에 귀를 기울이시며

그들과 함께 울고 웃으시며 나눈 지혜서라고 할 수 있습니다.

나는 아직도 빛이 보이지 않는 어둠의 계단에 앉아 고민하는 젊음들에게 이 한 권의 책을 선물하고 싶습니다.

이 책은 상아탑에서 나온 이론의 나열이 아닙니다.

이 책은 삶의 현장에서 임하신 성령의 지혜의 결정체입니다.

그래서 생생하게 가슴으로 다가오는 감동과 해방이 있습니다.

우리... 사랑할까요? Q&A

이제 우리는 이 한 권의 책으로 이 시대 젊음의 Q&A 고전을 갖게 되었습니다.

이 고전으로 시대의 어둠을 물리치시는 빛의 전사가 되십시오.

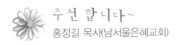

추천합니다~
홍정길 목사(남서울은혜교회)

"상심과 실의에 빠진 젊은이들을 변화시키는 책"

박수웅 장로님은 영원한 청춘을 사는 사람입니다. 사십여 년 전, 제가 만났던 박수웅 형제는 수줍어하고, 약간은 어눌한 말투의 과묵한 청년이었습니다. 그런데 그 안에 내재되어 있던 그리스도를 향한 사랑의 열정이 폭발하자 화산처럼 역동적인 삶을 살고 있습니다. 가는 곳곳마다 박수웅 장로님의 주변에 많은 젊은이들이 모입니다. 상심과 실의에 빠진 젊은이들이 장로님의 말씀과 그가 하나님을 사랑하는 모습을 통해 변화되고 있습니다. 이 모든 것이 그 속에 살아계신 예수 그리스도 때문입니다.

의사로서 모든 물질적인 이익을 뒤로하고, 오로지 주님을 사랑하는 그 부요에 의지하여 문자 그대로 'simple life'를 즐기며, 빛나는 영혼의 삶을 사는 분. 예수 그리스도를 사랑하고 그분을 증거하기 위해서라면 세계 어디든지 달려가는 장로님의 모

우리… 사랑할까요?

습을 볼 때마다, 열정의 사람 사도 바울과 무디, 허드슨 테일러
가 연상됩니다.

이 땅의 젊은이들에게 그리스도의 꿈과 사랑과 능력을 실제로
보여 주는 귀한 장로님께 깊은 감사와 존경을 보냅니다. 그분의
고백들이 이 책을 통해 드러나고 있습니다. 말로 전했던 것들이
글로 전해질 때 성령께서 함께하셔서, 글을 읽는 수많은 사람들
에게 하나님 살아계심이 나타나기를 소원합니다. 박수웅 장로님
과 그분의 저서를 소개할 수 있게 된 것을 진심으로 기쁘게 생각
합니다. 확실한 복음과, 복음 안에서 사는 사람의 모습을 소개하
는 일은 언제나 영광스럽기 때문입니다.

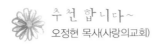

추천 합니다~
오정현 목사(사랑의교회)

"현장의 **경험**과 **말씀**의 지혜로 빚어진 **백서(白書)**"

영원한 청년, 박수웅장로. 이 수식어에 이의를 제기할 수 없는 것은 그가 청년을 너무도 사랑하기 때문입니다. 그의 젊은 가슴은 늘 청년들의 갈급함에 대한 깊은 공감과 뜨거운 사랑으로 펄떡이고 있습니다.

「우리…사랑할까요? Q&A」는 그의 청년에 대한 열정과 사랑의 기초 위에 현장의 경험과 말씀의 지혜로 빚어진 백서(白書)입니다. 사실 '성(性) 충만한 시대'를 살아가는 청년들이 '성령 충만'을 이야기 하는 교회에서 터놓고 성에 대한 고민을 나누기란 그리 쉬운 일도, 또 흔한 일도 아닙니다. 박수웅 장로님은 공개적인 강의나 세미나에서는 질문할 수 없었던 젊은이들의 너무나 절실하고 실제적인 문제들을 무릎과 무릎을 맞대고 눈과 눈을 맞추며 이야기하듯이 풀어주고 있습니다.

우리… 사랑할까요? Q&A

이 책에 있는 질문들은 저 역시 청년의 때에 고민하던 문제들이었고, 청년 사역을 할 때 수없이 받아온 질문들이었으며, 지금 제 아들과 같은 청년들이 고민하고 있는 문제입니다. 이런 점에서 이 땅의 젊은이들뿐만 아니라 젊은 자녀를 둔 부모들, 청년 사역자들에게 꼭 추천하고 싶습니다. 젊은이들의 고민을 성경적으로 풀어주며 그들의 삶을 신앙적으로 바로 세워 주려는 박수웅 장로님의 사랑과 열정은 소돔과 고모라 같은 이 세상 속에서 흔들리기 쉬운 젊은이들의 든든한 지지목이 되어 줄 것입니다. 이 책을 통해 귀한 청년의 때에 성경적인 가치관과 기준을 바르게 확립하고 건강한 가정을 이룰 수 있는 아름다운 사랑의 기초를 세워가는 주의 청년들이 일어나길 기대합니다.

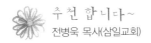
추천 합니다~
전병욱 목사(삼일교회)

"젊은이의 고민을 위트로 해결해 주는 책"

역시 박수웅 장로님이다. 재미와 유익을 동시에 주는 책을 접하는 것은 쉽지 않다. 그런데 이 책은 처음부터 끝까지 재미와 유익을 가져다준다.

"역설의 파워"가 있는 책이다. 성격 차이로 문제가 있다고 질문하니까, 성격 차이는 사실상 축복이라고 접근한다. 다르기 때문에 서로에게 매력이 될 수 있고, 보완이 될 수 있다는 접근이다. 유도 선수가 상대의 힘을 활용해서 상대를 넘어뜨리듯이, 문제라고 생각하는 많은 것들을 축복으로 이해하게 만드는 힘이 있다. 촌철살인의 역설의 파워가 넘쳐나는 책이다.

"실제적인 책"이다. 특히 소극적인 형제, 적극적인 자매의 교제 노하우 같은 것은 박장대소하게 만드는 내용이었다. 이 책을

우리... 사랑할까요? Q&A

읽다 보면, 나도 다시 한 번 연애의 감정으로 사로잡히고 싶은 심정이 들기도 한다. 청년들을 사역하면서 접하는 거의 모든 분야의 문제들을 다 다루고 있다. 길거나 깊게 분석하지는 않았지만, 크리스천 청년들의 연애 핵심체크라고 보면 틀리지 않을 것이다. 길을 몰라 헤매는 사람에게 네비게이션이 큰 힘이 되듯이, 연애라는 생소한 미로를 헤매는 형제자매들에게 이 책은 영적 네비게이션으로서의 역할을 충분히 감당할 것이다.

Chapter 1

성 격

사귀는 형제가 적극적이지 않은데, 자매인 제가
적극적인 자세를 취해도 될까요?

QUESTION

사귀는 형제가 적극적이지 않은데, 자매인 제가 적극적인 자세를 취해도 될까요?

ANSWER

물론입니다. 하나님께서는 우리에게 지혜를 주시고 총명을 주시고 판단력도 주시고 선택할 수 있는 결단력도 주셨습니다. 남자나 여자나 전혀 다르지 않습니다. 여자들도 얼마든지 적극적으로 접근할 수 있습니다. 단지 접근하는 자세가 좀 지혜로워야 됩니다. 너무 저돌적으로 다가가면 형제들은 대부분 망설이기가 쉽습니다.

그러지 말고 좀 더 부드럽게 접근해서 자신의 아름다운 모습을 보여 주십시오. 생일에 카드를 보낸다든지, 형제의 주변을 맴돈다든지 그래도 형제가 잘 모르면 좋은 목사님께 사귈 수 있도록 소개를 부탁하고 기도도하고 충고도 받으시면 좋겠습니다. 천국도 침노하는 자가 빼앗는다고 했습니다. 전혀 주저하지 마시고 적극적인 자세를 취해서 얻으십시오. 저의 경험에도 좋아 하는 두 여자가 있었는데 한 자매가 저에게 적극적일 때 그 자 매에게 더 빨리 마음이 끌렸던 것을 경험했습니다.

염려하지 마시고 적극적인 자세를 취하시기 바랍니다.

성격 차이로 한 번 헤어졌다가 다시 만나고 있는데, 서로 망설이는 중입니다. 성격이 잘 맞는 사람을 찾는 것이 더 현명할까요?

ANSWER

성격 차이. 신앙과 같은 근본적인 문제가 아니라면, 성격 차이는 사실 큰 축복입니다. 왜냐하면 하나님은 모든 것을 다 다르게 만드셨고 다른 것이 매력이 있도록 만드셨기 때문입니다.

따라서 성격 차이로 헤어졌다는 것은 단순히 다른 성격 때문만이 아니라, 그 성격 차이를 다룰 수 있는 능력이 없었던 것이죠. 이렇게 성격 차이를 좁혀갈 능력이 부족하다면 어떤 사람을 만나도 역시 성격 차이 때문에 고민할 것입니다.

그러므로 성격 차이를 극복할 수 있는 능력을 키우는 것이 좋겠습니다. 피아노도 모든 건반이 제각각 다른 소리를 냅니다. 역시 피아노를 치는 사람이 조화롭게 칠 수 있는 실력이 없으면 어떤 피아노를 만나도 이상한 소리가 나겠지요. 그러나 피아노를 잘 다루고 아름답게 칠 수 있는 실력만 있다면 어떤 피아노를 치더라도 아름다운 소리를 만들어 낼 것입니다.

성격 차이 때문에 망설이지 마시고 만나면서 성격을 조율할 수 있는 능력을 키우시기 바랍니다.

QUESTION

만날수록 저의 배우자가 아니라는 판단이 들어 형제에게 조심스레 헤어질 것을 이야기했습니다. 그랬더니 형제는 제가 하나님께서 주신 배우자임을 확신한다며 절대 포기할 수 없다고 합니다. 어찌해야 하나요?

ANSWER

자매는 확신이 없는데 형제가 자신의 배우자라는 확신이 있다고 하여 교제를 서둘러서는 안 됩니다. 형제가 하나님의 음성을 들었다면, 분명 하나님께서는 자매에게도 형제가 배우자라는 음성을 주실 것입니다. 그렇기 때문에 자매에게 확신이 없다면 이런 경우 결혼을 한다거나 하는 일은 위험한 일입니다.

서두르지 말고 당분간은 좋은 교제를 나누는 것이 낫습니다. 교제를 하시면서 "서로에게 무엇이 문제인가? 성격 차이인가? 아니면 신앙의 문제인가?" 하는 본질적인 문제를 먼저 살펴보십시오. 그런 다음에도 배우자가 아니라는 판단이 선다면 모르겠지만, 다른 사소한 문제로 감정이나 느낌으로 봐서 배우자가 아니라고 판단하는 것은 신중하지 못한 자세입니다. 물론 자매의 입장에서는 배우자가 아닌 것 같다는 생각이 들 수도 있습니다. 그러나 교제를 해 본 다음에 계속 만날지를 결정하는 것이 올바른 일입니다.

그렇다고 형제가 하나님이 주신 자매임을 확신한다면서, 하나님의 음성을 들었다고 적극적으로 나온다고 해서 결혼을 하거나 깊은 관계로 끌려가는 것은 위험합니다. 하나님께서 만약에 확신을 주셨다면 자매에게도 그런 확신을 주실 것이기 때문입니다.

서두르지 말고 조심스럽게 교제하면서 하나님의 음성을 듣는 지혜가 필요합니다.

QUESTION

둘 다 이혼한 가정에서 자라, 왜곡된 부모상으로 사소한 일에도 서로에게 불신감을 주는 말을 많이 하게 됩니다. 아름다운 교제를 위해 어떤 노력이 필요할까요?

ANSWER

둘 다 상처가 많은 커플이군요. 그럼 상처가 많으면 결혼할 수 없는가? 그렇지 않습니다. 상처를 치유하면 됩니다. 둘 다 성격 테스트, 내적치유 훈련 같은 것을 받아보시길 권유합니다. 저는 주서택 목사님과 김선화 자매가 인도하는 내적치유 세미나를 추천합니다.

훈련을 통해 마음속에 남아 있는, 부모님에게서 받은 상처를 먼저 치유하셔야 됩니다. 이 부분이 치유되지 아니한 채 결혼을 하면 두 사람은 결혼한 후에도 싸우고 많은 아픔이 있을 것입니다. 그러니까 결혼을 서두르지 말고 함께 내적치유를 받으시고 서로 마음의 상처가 무엇인가를 이해하는 것이 중요합니다.

제가 아는 한 쌍도 아내의 부모가 이혼을 했어요. 제가 상담을 해 줄 때 남자에게 말했습니다. "여자에게 그런 상처가 있는 것을 아느냐? 네가 그 상처를 감당할 수 있느냐? 그러면 결혼해라. 그러나 감당할 수 없으면 결혼하지 마라. 그리고 결혼하기 전에 반드시 내적치유를 받고, 그 문제를 감당할 수 있다는 확신이 선다면 결혼해도 좋다"고 했더니 결국 결혼을 했어요. 결혼식 날 자매가 많이 울었다고 합니다. 이제는 안정이 되어서 아주 잘살고 있습니다.

내적치유를 먼저 받으십시오. 상처가 치유되고 나면 얼마든지 결혼할 수 있습니다.

QUESTION

"결혼할 자매가 너무나 소극적입니다"

결혼 날짜를 받아 놓은 지금도 너무 내성적인 자매의 속마음을 알 수가 없어서 답답합니다. 1년을 사귀어도 손 한 번 잡아보지 못했습니다. 나에게 궁금한 것도 없는지, 도통 표현하지를 않습니다. 제가 너무 잘해 줘서 고맙다고만 할 뿐. 만날수록 힘이 들어 기도를 하면 더 강하게 자매에 대한 마음을 주셔서 헤어질 수도 없어요. 자매와 자연스러운 대화를 할 수 있는 방법을 알려 주세요.

ANSWER

결혼 날짜를 받아 놓으셨다면 이제는 좀 더 적극적인 자세로 나가십시오. 성관계를 해서는 안 되지만, 이런 경우는 한번 남자가 적극적으로 스킨십을 시도하는 것도 좋습니다.

손을 잡는다든지 껴안아 준다든지 하는 시도가 필요합니다. 어쩌면 자매도 그런 걸 원하지만 지금까지 받아 온 교육이나 문화 때문에 자기가 먼저 요구하지 못할 수도 있습니다. 아니면 스킨십에 대한 거부감이 있을 수도 있고요.

혹 예전에 상처가 있었다면, 스킨십에 자매가 굉장히 거부 반응을 일으킬 수 있습니다. 그때 형제는 놀라지 말고 사랑한다고 말해 주면서 손도 잡아 주고 살짝 껴안아 주시면서 깊은 사랑의 마음을 표현하면 좋습니다. 또 자매와 대화가 힘들다면 억지로 대화하려고 애쓰지 말고 큐티 시간을 이용해서 내용을 나눈다거나, 책을 읽고 감상을 나누거나 하는 식으로 하나의 주제에 대한 각자의 생각을 나누는 방법이 좋겠습니다.

형제는 담대하게 적극적으로 나가십시오.

QUESTION

"결혼하기를 두려워하는 형제"

부모님을 만나고 결혼 준비를 하는 중에 형제가 확신이 생기지 않는다고 하여 헤어졌습니다. 그런데 나중에 그 친구가 결혼에 대한 부담과 두려움 때문이었다고 고백을 하는 겁니다. 나이가 적은 것도 아니고, 책임감이 없는 사람도 아닙니다.

이런 경우는 어떤 문제인가요?

ANSWER

　우선 형제님의 신앙상태가 어떤지 궁금합니다. 철저히 주님을 믿고 의지할 때만이 하나님의 자녀라는 확고한 자존감을 형성할 수 있기 때문입니다.

　다음으로 형제의 환경을 깊이 관찰해 보십시오. 혹시 가정에서 너무나 큰 책임을 감당하고 있지는 않습니까? 혹 그렇다면 서로 간소하게 하면 되니까, 확인해서 그런 부담감을 덜어 주시기 바랍니다. 또 형제 부모님의 결혼 생활이 형제에게 영향을 줄 만큼 불행하지는 않았습니까? 확신이 없다는 것은 불행하게 될지도 모르는 결혼을 두려하는 것일 수도 있습니다.

　마지막으로 형제에게 영혼의 상처가 있다면, 우리의 속마음을 치유하시는 그리스도의 사랑으로 반드시 치유 받도록 권유하시길 바랍니다.

QUESTION

평소엔 온유한 성격인데 화가 나면 참지를 못해요. 그 부분이 너무 힘들어서 결별을 선언하고 지금은 오빠 동생으로 지내고 있어요. 이런 성격도 고칠 수 있나요?

ANSWER

이 형제의 마음 깊은 곳에는 분노감이 숨어 있습니다. 이런 분들은 어릴 때 부모나 형 등 권위 있는 사람에게서 부적절한 대우를 받았거나 억울하게 자란 경우가 많습니다. 그때는 반항을 하면 너무나 큰 피해를 입으니까, 꼭꼭 숨기고 겉으로는 온유한 척하는 것입니다. 그러나 속에는 굉장히 큰 분노가 숨어 있었던 것이죠.

이런 부분 때문이라면 헤어질 수 있습니다. 그러나 이 경우도 치유받을 수 있습니다. 다시 말해서 내적치유 세미나에 참석하셔서, "왜 내게 '욱' 하고 튀어 나오는 분노가 있는가?" 치유받아야 합니다.

사실 우리의 마음속에는 견고한 진이 있어서 그 속에 많은 상처들이 숨어 있습니다. 누구에게나 있지요. 그런데 이 부분을 예수님이 터치하시면 하나님의 성령이 임하셔서 묶인 자, 갇힌 자, 포로된 자가 전부 치유받는다고 하셨습니다. 포로된 자가 다 드러나서 건강해지고, 속사람이 건강해진다고 하셨습니다.

　이사야서 61장 1-3절을 묵상하시면서 이 부분에 대해 치유받으시면, 얼마든지 결혼할 수 있고 그런 성격도 고칠 수 있습니다.

QUESTION

"느긋한 성격 VS 똑부러지는 성격"

목회를 준비하고 있는 오빠와의 교제를 다시 생각하고 있습니다. 오빠는 목회자 가정에서 20년을 미국에서 살았기 때문에 한국어가 익숙하지가 않습니다. 생활은 되는데 대학 교과 내용을 따라가고 있지를 못해서 아직도 졸업을 못하고 언제 신학대학원에 들어가 목회자가 되고 자기 앞가림을 할지 제가 보기에는 너무 답답합니다.

게다가 제가 먼저 직장인이다 보니 저희 집안에서는 빨리 시집가라고 성화이신데 오빠는 너무 느긋하게 생각을 하는 것 같아서 속이 상합니다. 똑부러지지 못한 성격이 저를 힘들게 합니다. 이번에도 졸업하지 못하면 헤어지자고 했는데 정말 정나미가 뚝 떨어집니다.

한편으론 제가 이 사람을 사랑하긴 했었나 하는 생각도 들고 복잡한 심정입니다. 헤어지는 것이 좋을까요?

ANSWER

이런 경우 성격 차이가 심하다고 볼 수 있습니다. 형제가 미국에서 자랐기 때문에 한국처럼 도전적이고 전투적인 생활관을 가지지 못한 것은 어떻게 보면 자연스러운 것입니다. 따라서 이런 문제는 헤어질 만한 이유가 되지 않는다고 봅니다. 얼마든지 고칠 수가 있습니다.

오랜 미국 생활로 한국에 빨리 적응하지는 못하지만, 그 나름대로 좋은 점들이 있을 것입니다. 서로 대화를 깊이 해 보십시오.

자매가 똑부러지는 성격인데, 이런 부족한 형제의 단점을 자매가 도와준다면 형제는 많이 성장할 수 있습니다. 계속 다그칠 것이 아니라, 성숙한 여인의 자세로서 형제를 성장시키고, 또 형제의 장점을 통해서 자매도 성장할 수 있는 아름다운 관계를 만드십시오.

좀 더 깊은 대화를 통해 서로 어떻게 채워줄 수 있을지, 생각을 나눠 본다면 좋은 짝이 될 것입니다.

QUESTION

"아직도 세상 습관에 빠져 있는 남자친구"

어릴 적 강간을 당한 일로 죄책감에 시달렸지만, 이젠 하나님의 치유로 평안을 얻었습니다. 믿는 사람이긴 하지만, 세상의 유흥을 너무도 좋아하는 남자친구를 변화시켜 보려고, 성관계나 스킨십은 하나님 앞에 옳지 않다고 말했습니다. 하지만 남자친구는 말로만 알았다고 합니다. 게다가 술과 담배도 끊겠다고 해 놓고, 회사 회식에서 담배도 하고 술을 마신 것을 거짓말까지 합니다. 결국 그간의 일로 말다툼이 생겼고, 남자친구는 왜 자기를 귀찮게 하냐며 윽박지르고 욕설을 하고, 주변의 집기를 부수는 등 자신도 주체할 수 없는 성질을 부리는 겁니다. 그리고 다음 날 곧 사과를 하지만, 다시 이런 일들이 반복되는 식입니다.

나의 동반자가 이런 사람일까 하는 생각 끝에, 제가 헤어지자고 말했어요. 남자친구가 그렇게 싫진 않지만 이렇게 사귀어서는 안 될 것 같아서요. 이런 남자친구는 변할 가능성이 전혀 없는 건가요? 정말 헤어져야 할까요?

ANSWER

　　자매가 치유를 받긴 했지만 아직 마음에는 아픔이 있을 것입니다. 그런데 제가 보기에는 형제도 역시 상처를 많이 받은 사람인 것 같습니다. 그래서 거짓말도 잘하고 세상의 유혹을 좋아하고, 여러 가지로 문제가 많은 것입니다.

　　이런 남자와 당장 결혼하면 많은 어려움이 생기는 것은 자명하다고 볼 수 있겠죠. 두 사람 다 상처가 많기 때문에, 서로 상처를 치유해 주는 사람을 만나야 하는데 오히려 상처를 더 아프게 하는 사람을 만난 것 같습니다.

　　우선 형제가 하나님 앞에 깊이 회개하고 하나님을 만나게 된다면 괜찮겠습니다. 그러나 그렇지 못하다면 이런 나쁜 행동을 계속 반복할 것이고, 결국 결혼해서도 구타, 폭행으로 이어질 소지가 많습니다.

　　따라서 이런 경우는 깊은 교제를 하지 않는 것이 좋겠습니다. 친구로 지내면서 믿음으로 형제가 변화되도록 격려하고 도와주는 것이 바람직합니다. 이런 상태에서 결혼하는 것은 매우 위험합니다. 불행한 결혼으로 끝날 경우가 많으며 이 형제는 너무나 세상에 빠져 있어서 자신의 감정을 다스릴 수 있는 능력도 없고, 그런 자신의 모습을 감추기 위해 거짓말을 하기 때문에 올바른 신앙인이 아닙니다. 올바른 정신자세도 가지지 못한 사람입니다.

　　이런 사람과의 결혼은 올바르지 않으며 자매의 상처를 이해하고 치유해 줄 수 있는 형제를 만나는 것이 바람직합니다.

저는 MBTI 검사에서 ISFJ 성향인데 어떤 성향을 가진 자매가 어울립니까? 만약 성향에 상관없이 교제가 가능하다면 교제중에 굳이 MBTI를 해 볼 필요가 있을까요?

ANSWER

MBTI를 해 보고 서로 맞지 않다고 결혼을 기피하는 커플들이 많습니다. 그러나 MBTI를 해 보라고 했던 것은 서로가 다름을 아는 것에서 그치지 말고, 다르기 때문에 어떤 면에서 서로 부딪칠 수 있고, 그럴 때 어떻게 해결해야 하는가를 배우라는 의도에서였습니다. 성격테스트에서 다르니까 헤어지자가 아니라 어떻게 하면 조화를 이룰 수 있는가를 배우는 것이 목적인 것입니다. 이와 비슷한 경우로 혈액형, 기질로 상대를 파악하려는 시도들이 있습니다.

그러므로 이런 형은 이렇고 저런 형은 저렇다고 한 가지로 치부해 버리는 것은 위험한 생각입니다. O형 안에도 담즙질, 다혈질, 우울질, 점액질 등 많은 기질들이 있기 때문입니다. 그래서 같은 O형에도 수십만 가지의 성격들이 있고 A형, B형, AB형도 마찬가지입니다. 쉽게 말해 이 세상에 같은 성격을 가진 사람은 없다고 보시면 되겠습니다. 성격은 사람 수만큼이나 다양한데 어떤 형이 어떤 성격이라고 규정하는 고정관념을 가지면 상대방을 크게 오해할 수 있으니 그냥 참고만 하시는 게 좋겠습니다.

이성교제에서는 그런 것보다는 인격적으로 서로를 이해하고 알아가는 것이 더 중요합니다. 그 사람의 자랄 때 교육환경은 어땠는지, 가정 분위기는, 형제간의 우애는 돈독한지, 가정의 상처는 무엇인지를 알고 공부하면서 상대방에 대해 박사학위를 받으려는 태도를 가져야겠습니다. 또 알게 된 내용은 더 이상 들먹이지 말고 그 모습 그대로 받아들이십시오. 부족한 면은 내가 채워주고 장점은 살려 주면서 두 사람이 계속 성장하는 관계를 가지면 행복한 결혼이 될 것이라고 믿습니다.

Chapter 2

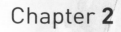

믿지 않는 사람을 사귀기 시작할 때는 전도를 해야겠다는
의무감과 사명감이 컸습니다. 그런데 그냥 친구로 남게 되니까
오히려 그 점이 부담이 됩니다. 어떻게 해야합니까?

QUESTION

믿지 않는 사람을 사귀기 시작할 때는 전도를 해야겠다는 의무감과 사명감이 컸습니다. 그런데 그냥 친구로 남게 되니까 오히려 그 점이 부담이 됩니다. 어떻게 해야 합니까?

ANSWER

누구나 사귈 때는 상대를 전도하고 싶은 마음이 강하게 와 닿습니다. 그러나 관계가 계속 되지 못하거나 불편해 지면, 전도를 해야 한다는 마음을 잃어버리기가 쉽습니다.

하지만 믿는 사람이라면 어떤 사람에게라도 전도에 대한 부담감을 가져야겠지요. 친구로 남았다면 더욱 그렇습니다. 친구가 믿음을 갖도록 수양회에 참석하게 하거나 큐티를 가르쳐 주고 예배 참석을 도와주는 것이 필요합니다.

친구를 위하여 목숨을 버리는 자를 하나님께서 얼마나 귀하게 여기시는지요. 친구를 계속해서 도와주었으면 좋겠습니다.

QUESTION

Non 크리스천과는 데이트를 시작도 하지 말아야
하나요?

ANSWER

그렇습니다. 시작도 하지 않는 것이 좋습니다. Non 크리스천
과 교제하다가 사랑에 빠지면 괴로운 문제가 많기 때문입니다.
예수를 믿지 않는 사람을 크리스천으로 만들기는 너무나 힘든
일입니다. 그 사람과 결혼하려 할 때도 고통스런 과정을 거쳐야
되지만, 결혼하고 나서도 마음 아픈 일들이 많이 생길 수 있습니
다. 물론 이 사람을 놓고 일생을 기도하여 예수를 믿게 할 수 있
을지도 모릅니다. 하지만 한 사람을 위해 평생을 헌신해야 하는
고통이 있다는 것을 아시고, Non크리스천과는 교제 자체를 시
작하지 않는 것이 현명합니다.

자신이 독신의 은사를 가졌는지 어떻게 알 수
있나요?

현대 사회에서 독신의 은사를 가진 사람은 거의 없는 것 같습
니다. 많은 분들이 배우자를 찾아보다가 없으면, 나는 독신의 은
사가 있나보다고 말씀하시는데 혹시 못 찾는 은사가 있는 것은
아닌지요.

그러니까 우리가 결혼을 하는 것이 하나님이 기뻐하시는 일이
라는 말입니다. 하나님께서는 남자와 여자를 창조하시고 두 사
람이 한 몸을 이루라고 말씀하셨고, 생육하고 번성하는 것이 하
나님의 뜻이라고 하셨습니다.

물론 사도 바울과 같이 특별한 은사를 가지신 분은 복음을 전

하기 위해 일생을 헌신하셨습니다. 그러나 그런 분들의 경우는 하나님께서 성적인 유혹이나 가정을 이루고 싶은 마음을 없애 주십니다. 그런 문제로 고민하지 않고 고통당하지 않도록 해 주시는 것입니다.

하지만 대부분의 보통 사람들은 그런 은사가 있지 않기 때문에 결혼하는 것이 하나님의 뜻입니다. 아름다운 배우자를 만나서 같이 믿음으로 성장한다면 혼자 사는 것보다도 몇 배의 능력과 열매를 거둘 수 있는 축복이 있습니다.

그러므로 결혼할 수 있도록 준비를 하는 것이 옳습니다. 많은 경우 상처가 있을 때, 예를 들면 어릴 때 부모님에게서 많이 맞았다거나, 부모가 이혼을 한 경우에도 자신은 결코 결혼을 하지 않겠다고 생각하는 사람들이 많습니다. 그것은 독신의 은사가 있는 게 아니라 치유해야 할 상처가 있는 것입니다. 상처를 치유하지 않은 채 독신으로 사는 것은 바람직하지 않습니다.

QUESTION

장로교를 다니는데 침례교나 순복음 같은 다른 교단
의 사람과 교제해도 될까요?

ANSWER

물론 교제해도 됩니다. 단지 서로 다른 부분에 대해서는 대화
를 통해 서로 도와주어야 합니다.

가령 장로교를 다니는 남편은 조용히 기도하는데, 순복음 교
회를 다니는 아내는 소리를 내고 방언을 하면서 기도한다면 두
사람이 기도하면서 싸울 수 있습니다.

이럴 때 방언을 하는 아내가 골방에 들어가서 혼자 기도를 하
고, 남편은 아내의 방언의 은사를 인정해 주며 긍정적으로 받아
들여서 도와주고 자랑스럽게 생각하는 자세가 필요합니다. 또한
아내도 남편의 깊은 신앙을 인정하면서 남편이 기도할 때 방해
가 되지 않도록 신경 써주고 서로 장점을 세워 준다면 좋은 부부

가 될 것입니다.

　장로교나 침례교, 순복음 교회는 모두 하나님 안에서 형제이
지만, 다른 이단이나 천주교를 믿는다면 좀 조심해야 하겠습니
다. 왜냐하면 다른 종교는 같은 교리 내에서 만날 수 없기 때문
입니다. 잘 살피셔서 선택해야겠습니다.

데이트를 하면서 함께 성숙해지는 일이 생각보다 힘이 듭니다. 서로 준비되고, 비전을 확실히 알 수 있을 때까지 헤어져 있는 것은 어떨까요?

데이트를 하면서 성숙해지기가 힘들다는 말은, 성적인 문제가 있는 등 잘못된 데이트를 하고 있다는 말과 같습니다. 데이트를 하는 것도 알고 보면 능력과 지혜가 필요한 어려운 일입니다.

데이트를 할 때 무작정 만날 것이 아니라 좋은 계획을 가지고 의미 있는 만남을 가질 것을 제안합니다. 저는 데이트를 하면서 좋은 추억을 많이 만들었습니다. 행복한 추억, 멋있는 추억, 낭만적인 추억들 덕분에 우리 부부는 결혼한 지가 오래 되었지만, 데이트 할 때의 추억을 되살리면서 지금도 아름다운 관계를 누리고 있습니다.

데이트를 하면 두 사람의 신앙이 나빠지는 것이 아니라, 성숙해져야 제대로 된 데이트를 한다고 볼 수 있습니다. 단 한 가지 주의해야 할 것은, 데이트를 할 때 깊은 애무를 한다거나 성관계를 하면 서로가 성숙해지기보다는 갈등이 생기고 문제가 되므로 결단코 성관계를 하면 안 되겠습니다. 크리스천 데이트 세미나에 참석하여 건강하게 데이트하는 법을 배우는 것도 좋습니다.

　　데이트를 하면서 신앙이 성숙해지는 것은 큰 축복이므로, 준비되고 비전이 확실히 있을 때까지 헤어져 있는 것은 지혜롭지 못합니다. 기도로 데이트를 시작하고, 큐티도 나누고 책을 같이 읽거나, 좋은 장소에 가서 좋은 대화도 나누면서 성숙한 데이트를 하시길 바랍니다.

QUESTION

자매가 형제보다 2배나 많은 현실에서 절반의 자매는 믿지 않는 형제를 만나야 합니다. 그런데도 Non크리스천과 사귀어서는 안 되는 것인가요?

ANSWER

통계적인 수치는 중요하지 않습니다. 자매가 만나야 할 사람은 '예수를 믿는 단 한 명의 형제'입니다. 통계 수치에 신경 쓰지 마시고 예수 잘 믿는 형제를 찾아보십시오.

교회, 수양회, 의료 봉사, 단기 선교지 등 눈을 크게 뜨고 찾아본다면 예수를 믿는 단 한 명의 형제를 찾을 수 있을 것입니다. 하나님께선 좋은 크리스천에게 좋은 배우자를 주시니까요.

QUESTION

잘못된 성관계(예컨대 성폭행)로 원치 않는 아기를 갖게 되었을 때는 크리스천으로서 어떻게 해야 하나요? 낙태를 해야 하나요?

ANSWER

낙태는 하나님이 주신 생명을 죽이는 살인행위입니다. 성폭행이나 잘못된 성관계로 임신이 되었을 경우, 보통 우리는 원치 않은 임신이니 낳지 말아야 한다고 보지만, 하나님은 그 생명을 통해서도 계획이 있으십니다. 그러므로 하나님의 자녀인 줄 알고 출산하셔야 됩니다. 단지 두 사람이 너무 힘들어서 그 아이를 키울 수 없다고 판단되면 그때는 건전한 입양 기관에 미리 연락을 하십시오. 그러면 입양 기관에서는 그 아기가 태어나자마자 엄마가 보기도 전에 데리고 가서 좋은 가정에 입양을 시켜 줍니다. 그러므로 그런 경우라 할지라도 출산하시고 자기가 감당할 수 없다면 입양 기관에 보내십시오. 건전한 부모를 만나서 잘 자랄 수 있도록 아기를 도와주는 것이 올바른 태도입니다.

만약 교제하는 친구가 양성애자라면 그래도 하나님의
사랑으로 사랑해야 합니까?

교제하는 상대가 양성애자라면 그 사람과 결혼하면 안 됩니
다. 그 사람이 그 병을 치유할 때까지는 결혼해서는 안 됩니다.
그러나 하나님의 사랑으로 병에서 나을 수 있으니 건전하게 회
복될 수 있도록 도와주는 것은 아름다운 일입니다.

형제를 미워하거나 비난하는 대신 불쌍히 여겨 하나님의 사랑
으로 회복해서 건전한 부부관계, 하나님이 계획한 대로 남자와 여
자로 부부관계를 맺을 수 있게 도와주어야 합니다. 치유가 되지
않은 상태에서 결혼을 하거나 교제를 하는 것은 옳지 않습니다.

요즘에는 크리스천들을 위한 결혼정보회사도 많이 있습니다. 제 친구도 여기서 사람을 만났는데요. 그런 곳을 통해 조건을 맞춰 보고 만남을 가지거나 교제를 하는 것에 대해 어떻게 생각하세요?

ANSWER

교회에서 배우자를 만나지 못했다면, 좋은 크리스천 결혼정보회사가 있는지 알아보시고 도움을 받는 것도 괜찮습니다. 그러나 조건을 맞춰 보고 교제했다고 해서 반드시 결혼해야 하는 것은 아닙니다. 만나서 신앙적으로 깊은 대화도 하시고, 성격도 테스트 해 보시고 비전도 맞춰 보시고 내적치유도 같이 받아 보시고 가치관도 정립해 보면서 이 사람이 진정으로 하나님이 주신 짝인가 살피십시오. 최소 1년은 만나 봐야 합니다. 그런 다음에 확신이 들었을 때 결혼을 하는 것이 옳습니다. 좋은 크리스천 결혼정보회사를 이용해 만남을 가지는 것 자체는 괜찮겠습니다.

여러 사람과 동시에 데이트를 하는 것은 성경적이지 않습니까?

여러 사람과 친구는 될 수 있지만, 이 사람 저 사람, 동시에 데이트를 하는 것은 상대방을 속이는 일입니다. 인격적으로 다른 사람을 무시하는 일입니다. 절대 그렇게 해서는 안 됩니다. 데이트는 한 사람하고만 하십시오.

데이트를 해 보시고 이 사람이라는 생각이 들면 결혼까지 갈 수 있지만, 서로 성격이 맞지 않고 비전이 달라서 헤어져야 한다면 다른 사람을 찾아보는 것도 괜찮습니다. 데이트를 오래했으니 꼭 결혼해야 한다고 생각하는 사람들이 있는데 그렇지는 않습니다. 옷을 살 때도 입어보고 맞지 않으면 다른 옷을 선택하듯 건전하게 데이트를 해 보고 맞지 않는다면 다른 사람과 데이트를 하는 것은 바람직한 자세입니다.

단지 데이트 할 때 성관계를 해서 상대의 마음을 아프게 하지는 마십시오. 그것은 마치 옷을 입어 본다고 하면서 쭉쭉 찢어 놓고 다른 옷을 입어 보더니 그 옷도 맞지 않는다며 쭉쭉 찢어 놓는 것과 마찬가지입니다.

그러니까 성관계를 하지 않는 건전한 데이트, 인격적으로 서로 알아 보고 사랑하는 데이트가 되어야 합니다. 그리고 동시에 여러 사람을 사랑할 수는 없으므로, 한 사람 한 사람을 만나야 합니다. 다시 한 번 말씀드리지만 여러 명을 동시에 만나는 것은 성경적이지 않습니다.

QUESTION

연하의 형제(6살 연하)를 만나는 것은 성경적으로도 문제가 되지 않나요?

ANSWER

예, 성경적으로 아무 문제가 되지 않습니다. 저는 10살 연하까지도 괜찮다고 생각합니다. 10살 이상 15살 이상과 결혼하는 사람은 변태라는 말도 있던데, 저는 진정으로 사랑한다면 나이 차가 10살이 좀 넘어도 괜찮다고 생각합니다.

당당하게 서로 사랑하고 존경하고 상대방을 키워 준다면 6살 연하의 남자나 여자와 결혼하는 것은 전혀 문제가 되지 않습니다. 결혼하고 나면 다 비슷비슷해지니까 걱정하지 마시고 적극적으로 교제하시기 바랍니다.

QUESTION

저 때문에 교회를 다니기 시작한 남자친구가, 예수님을 영접하지 않아 헤어지려고 합니다. 그런데 저랑 헤어진 뒤로 교회마저 안 나갈까 봐 걱정됩니다. 어떡하죠?

ANSWER

먼저 구원은 우리의 소원함보다는 하나님의 주권적인 사역임을 아셔야 합니다. 다시 말해 평생을 살아도, 믿지 않는 배우자가 구원받지 못할 수도 있다는 것입니다.

또한 이성교제는 전도하는 것과는 구별되어야 합니다. 마치 죽은 사람을 불쌍히 여길 수는 있어도 사랑을 나눌 수는 없는 이치인 거죠.

그래서 구원 받게 하려고 계속 만나 주는 것은 이성교제와 전도 모두를 실패하게 하는 행동입니다. 이성을 전도하려면 오히려 믿을 만한 동성 크리스천에게 연결시켜 주십시오. 그 사람을 통해 전도가 되도록 하는 것이 더 효과적일 것 같습니다.

QUESTION

"오랫동안 교제한 천주교인과 결혼해도 될까요?"

천주교를 믿는 자매를 만나고 있어요. 믿음 없는 사람과의 결혼은 물론, 데이트도 생각해 본 적 없는 저였는데, 호감을 느끼며 교제하던 자매가 천주교라고 해서 조금 망설였지요.

그 후로 별 문제 없이 7년을 지냈고 지금은 떨어져 있어도 잘 지내고 있어요. 다만 결혼 여부를 결정하려니 고민이 됩니다. 이 정도면 교리가 달라도 결혼해도 되지 않을까요?

ANSWER

이런 경우는 천주교를 어떻게 믿느냐가 문제입니다. 한 쪽은 천주교를 철저히 믿고, 다른 한 쪽은 기독교를 잘 믿는 두 사람이 결혼하면 불행해집니다. 먼저 주일날만 되면 어디를 가야 하느냐를 두고 싸울 것입니다. 그렇다고 한 번은 성당에, 한 번은 교회를 갈 건가요? 독실한 천주교인이 아니라면 결혼 전에 기독교로 개종하도록 권장하시고 전도하십시오. 부부는 같은 신앙생활을 해야 행복합니다.

기독교 내에서 장로교, 침례교, 순복음교 간에 교제를 하는 것은 문제가 안 되지만, 천주교와 기독교는 너무나 다릅니다. 제가 아는 부부도 부인은 철저한 기독교인이고, 남편은 천주교인으로 신부님까지 했던 사람입니다. 그 두 사람이 얼마나 미워하고 갈등하고 싸우는지 결국은 참 힘든 부부 생활을 하고 있고, 아이들도 갈등을 겪는 것을 보았습니다.

지금이라도 자매가 예수를 믿는다면 결혼을 할 수도 있습니다. 그러나 이 문제로 갈등이 깊어진다면 두 사람의 관계는 매우 힘들 것입니다. 그래서 저는 사실 두 분의 교제를 만류하고 싶습니다.

동갑인 형제와 사귀는데, 가끔 신앙적인 부분에서 대화가 안 됩니다. 형제가 저를 영적으로 이끌어 주었으면 하는데요. 오히려 형제가 저로 인해 도전받고 풍성해졌다고 합니다. 항상 제가 먼저 도전을 주고 새로운 비전을 제시해야 하는 것이 이제는 좀 지칩니다. 어떻게 하지요?

형제가 지금은 신앙이 약하다고 해도, 벌써 자매로 인해서 신앙이 많이 성장하는 것을 볼 수 있습니다. 그리고 신앙은 계속 성장하는 것입니다. 지칠 필요가 없습니다.

아직 자매도 신앙이 부족합니다. 왜냐하면 형제에게 도전 주고 비전을 주는 것에 지친다고 했는데, 이것은 신앙이 부족하기 때문입니다.

데이트라는 것이 두 사람이 서로 성장하면서 만나는 것이므로, 이 경우는 매우 올바른 관계라고 볼 수 있습니다.

교제를 통해 형제가 믿음이 성장하면, 더불어 자매의 믿음도 같이 성장하는 것입니다. 그러므로 계속 좋은 관계를 유지하시고, 서로 신앙 성장에 도움을 주면서 만나시면 되겠습니다.

QUESTION

"자매의 신앙 수준이 저와 너무 차이가 나요"

같은 교회를 섬기고 있는 자매와 교제 중입니다.

자매는 어른들이 보기에 수수한 성격으로 외모도 손색이 없습니다. 그런데 문제는 제가 보기에, 자매는 삶 속에서 주님과 인격적으로 만나고 있지 못하다는 것입니다. 말씀과 기도는 거의 없이, 형식적으로 예배 참석만 하고, 언행을 봐도 단순하고 덜렁대고, 지혜로운 모습과는 좀 거리가 있어 보입니다.

저는 좀 더 지혜롭고 현명한, 신앙의 고민이나 앞으로의 비전에 대해서 나눌 수 있고, 기도를 통한 영적인 공감과 교류도 나누는 그런 동역자의 모습을 원하는데 자매와는 지금껏 그런 공감을 나눠 본 적이 없습니다. 자매의 그런 부족한 모습을 사랑이라는 이름으로 덮을 수는 있겠지만, 그것이 정말 주님께서 원하시고, 저에게도 유익한 것일까요? 때론 자매의 행동이나 말 때문에 괴롭고 갑갑함을 느낍니다. 서로에게 상처가 되기 전에 헤어져야 할까요?

ANSWER

아닙니다. 헤어져야 할 일은 아닙니다. 두 사람이 성숙하지 않은 나이이므로 이런 경우는 흔한 일입니다. 자매가 성장할 수 있도록 도와주세요. 좌절하지 말고 좋은 수양회나 성경 공부, 부흥회에 참석하여 신앙적으로 성숙할 수 있도록 도와주십시오.

신앙은 지금의 모습이 전부가 아니라, 계속 성숙해야 하기 때문이죠. 헤어지지 말고 서로 인내를 가지고 신앙이 클 수 있도록 양질의 신앙서도 같이 보고 대화하고, 큐티도 나누십시오. 바람직한 부부관계는 점점 성장해 가는 모습을 보면서 기뻐하는 것이지 완성된 모습을 즐기는 것이 아닙니다. 계속 교제하면서 자매의 신앙이 성장할 수 있도록 도와주시길 바랍니다.

QUESTION

"사모의 비전이 없으면 헤어지라고 합니다"

존경하는 선교사님께서 여러 목회자 분들과 기도하는 가운데 제 남자친구는 주의 종이라는 하나님의 응답을 받았다는 거예요. 그러시면서 제가 사모가 될 비전이 없으면 주님의 영광을 위해 헤어지라고 하셨어요. 이별도 하나님의 축복하심이라고.

그래도 남자친구를 정말 많이 사랑하면 끝까지 따라가되, 세상을 향한 나의 꿈들을 접어야 한대요. 게다가 부모님이나 주변 사람들의 비난을 감수하고, 기쁘게 주님의 일을 위해 남편 뒤를 따라 가겠다는 각오가 필요한데, 저한텐 그게 없대요.

저는 지금껏 오빠 외에 다른 사람은 생각해 본 적도 없지만, 저의 비전 역시 제가 생각해 온 꿈 외에 다른 꿈은 생각도 안 해 봤습니다. 그런데 이제는 이 두 가지를 다 내려놓아야 한다니, 기도를 해도 불안한 마음에 주님의 음성이 들리지 않습니다. 자꾸 저의 인간적인 마음만이 앞섭니다. 어찌해야 할까요?

ANSWER

　자매가 중요하다고 생각합니다. 물론 주위 사람들의 얘기도 중요합니다. 그러나 그분들이 자매를 잘 모를 수가 있습니다. 자매가 사모가 될 수 없고 주의 종의 자격이 없다고 하는데 이것은 얼마든지 변할 수 있습니다. 신앙이 변화되고 더 깊이 주님을 만나면 주님을 위하여 모든 것을 포기할 수 있고 주님 때문에 모든 생애를 헌신할 수도 있습니다.

　또한 자매가 진정으로 형제를 사랑하고 그 뜻을 따르기를 원한다면, 형제가 좋아하는 것을 자매도 좋아하게 될 것입니다. 형제가 주의 종이 된다고 했을 때 사모로서 기쁨으로 감당할 수 있는 능력도 생길 것이고, 하나님께서 지혜와 섬길 수 있는 마음도 주실 것입니다. 그러므로 포기하지 말고 형제를 깊이 사랑하는 마음으로 대화하십시오. 사모로서 형제가 주의 일을 하는데 내가 어떤 도움이 될 것인가?

　돕는 배필로서 잘 감당할 수 있는 실력을 갖추고 성장한다면 얼마든지 결혼할 수 있습니다. 형제와 취미생활도 같이 하고 성경공부, 큐티, 단기선교를 다니면서 성장하는 모습을 보여주십시오. 주위 상담자들의 말을 참고로 하되 완전히 의지하지는 마시고, 새롭게 자기 자신을 다지면서 성장해 가는 좋은 교제를 나누시기 바랍니다.

QUESTION

"신앙 때문에 헤어진, 남자친구를 기다립니다"

3년 넘게 사귄 남자친구가 있었습니다. 사랑하면 으레 성관계를 가져도 된다는 가벼운 생각에, 관계를 가졌던 것이 하나님 앞에 너무도 죄스러워 제가 먼저 헤어지자고 말했는데 잘 안 되었어요. 그러다가 형제가 군대를 가게 되었는데, 저는 믿지 않는 그가 군 생활 하는 동안 하나님을 만날 수 있도록 기도하며 기다렸습니다. 다행히 남자친구가 세례도 받고 신앙생활을 하려고 애쓰는 것 같았습니다. 그런데 점점 주위에 믿지 않는 동기들과 가족에게 마음이 쏠려가는 것입니다. 그래서 저는 하나님께 모든 것을 맡기고 한 장의 편지를 군에 띄웠어요. 결국 남자친구의 답은, 너 때문에 내 모든 것을 포기할 수는 없다, 자기는 하나님을 사랑할 수 없을 것 같으니 오히려 제가 하나님과 부모님을 포기하고 자기에게로 오면 안 되겠냐고 하더군요. 그런 말을 하는 그 사람은 예전과는 완전히 다른 사람이었어요. 저는 절대 하나님을 포기할 수 없다고 말했고 지금 헤어진 지 한 달이 되어갑니다. 그러나 그가 믿음을 갖고 하나님께 쓰임 받는 사람이 되리라는 믿음으로 지금도 그 사람을 위해서 기도하고 있습니다. 제가 이렇게 그를 기다리는 것이 옳은 일일까요?

ANSWER

첫째 형제가 신앙이 없습니다. 주위 환경을 보니 군대에서 더 세상으로 빠져들 수 있을 것 같습니다. 그런데 자매는 형제를 사랑하기 때문에 버릴 수 없다는 것이죠. 그 마음 이해는 갑니다. 그러나 인간적인 사랑과 하나님을 향한 사랑을 구별하셔야 합니다. 인간적인 사랑은 얼마든지 변할 수 있지만, 하나님을 향한 사랑은 쉽게 생기고 함부로 변하는 성질의 것이 아닙니다.

형제는 지금 주위의 비크리스천의 영향을 많이 받고 있기 때문에, 하나님을 믿기에 너무 힘든 상태입니다. 더군다나 군대라는 특수한 환경이라 자매의 힘으로는 힘들겠고, 기도는 계속 해야 합니다. 돌아와서 하나님을 믿을 수도 있겠지만, 그렇게 되기까지 자매는 수많은 십자가를 져야할 것입니다. 먼저 형제를 설득하여 예수 믿게 해야 되겠죠. 그리고 동기들, 부모님, 주위의 다른 사람들과도 끈이 있기 때문에, 그 사람들까지도 전도하려면 자매는 많은 어려움을 겪게 됩니다. 자매는 평생을, 믿지 않는 형제와 그 가족 구원을 위해 애를 태울 것입니다. 그러나 만약 자매가 믿음 좋은 형제를 만나서 결혼한다면 더 큰 믿음의 열매를 맺으며 살 수 있습니다. 물론 사랑해서 성관계까지 한 사람이므로 마음을 접기가 쉽지 않을 것입니다. 그러나 어떠한 이유로든 혼전 성관계를 한 것은 하나님 앞에 간음의 죄를 저지른 것입니다. 하나님께 깊이 회개하시고 용서를 받으십시오. 이제 다시는 그런 일을 하지 않는다면, 우리 주님이 자매를 깨끗게 하시므로 자유롭게 새 출발할 수 있습니다.

"이성교제를 못하게 하는 공동체 "

마음이 통하고 비전이 같아서 장래를 약속한 형제가 있습니다.
그런데 서로에 대한 지나친 확신과 교만한 마음에 그만 성관계
까지 가버렸습니다. 다행히 저희 둘은 하나님 앞에 깊이 회개하
고 이제는 건전한 만남을 가지고 있습니다.

문제는 저희 공동체는 교제를 용납하지 않는다는 겁니다. 결국
들통이 나서 아직은 연애감정만 가지고 있다고 거짓말을 해야 했
습니다. 만약 사실이 알려지면 공동체를 떠나야 하기 때문이지
요. 이 일이 있은 후 저희 둘은 만날 수 없었고, 정말 하나님께서
주신 배우자라면 어떤 방법으로든 하나님께서 인도해 주실 것을
믿고 조용히 기도하고 기다리자고 했어요. 그런데 이렇게 공동체
에서 교제를 규제하는 것이 옳은 것인가요? 저희가 정말 그런 말
에 따라야 하는 것인지 알고 싶습니다.

ANSWER

　사실 공동체에서 질서유지를 위해 그런 규제가 있는 줄 알고 있습니다. 그러나 그것이 언제나 올바른 태도는 아니라고 봅니다. 결혼 적령기가 되면 공동체 자체 내에서 서로 건전하게 교제할 수 있는 데이트 문화와 결혼 문화를 만들어 주는 것이 올바른 것이지, 문제가 생길 것을 미리 걱정하여 결혼 적령기 청년들의 교제를 막는 것은 옳지 않습니다.

　어느 정도 여지가 있는 공동체라면 지혜롭게 할 수 있겠지만, 전혀 교제를 허용하지 않는 공동체라면 차라리 떠나는 것이 옳다고 봅니다. 또 두 사람이 예수 중심으로 교제를 하고 깊은 관계를 맺고 있다면, 가능한 빨리 결혼하는 것이 좋습니다.

　우리나라에 건전한 성 문화, 교제 문화가 없어서 규제를 두었던 것이지 그것이 반드시 올바른 자세는 아닙니다. 저는 그런 규제의 부작용으로 많은 성숙한 크리스천 청년들이 결혼을 하지 못하고 방황하는 것을 보아 왔습니다. 지금부터라도 공동체에서 아름답고 건전한 데이트 문화, 성 문화를 정착시켜야 하겠습니다.

Chapter 3

성
(스킨십, 성교육)

어려서 성을 탐닉하는 행동은 영적 생활에 어떤 영향을 미치나요?

QUESTION

자위행위가 죄인가요?

ANSWER

사실 어린아이들도 자신의 성기를 만지는 등 자위행위를 한다고 볼 수 있습니다. 그것은 아직 성에 대해 모르는 상태에서 하는 행동이므로 죄라고 할 수는 없습니다. 그냥 즐거울 따름이죠. 그러나 사춘기 이후에 하는 자위행위에는, 반드시 상상력이 동반되고 그 상상에는 음란한 내용들이 빠지지 않습니다. 그렇기 때문에 그 속에 사탄이 침입해서 음욕을 품도록 유혹을 합니다. 마태복음 5장 28절에서 남자를 보고 음욕을 품는 자 여자를 보고 음욕을 품는 자는 이미 간음했다고 예수님께서는 말씀하셨습니다. 바로 이 음욕이 문제입니다. 자위행위를 하면 꼭 이 음욕이 들어가서 음란한 것을 상상하고, 결국 황홀경에 빠져서 실제로 어떤 대상과 성관계를 하지 않더라도 마음속으로 이미 성관계를 한 것처럼 됩니다. 그래서 우리의 마음속까지 다루시는 예수님은 음욕을 품은 것 자체를 이미 간음죄로 정죄했던 것입니다. 그러므로 크리스천들이 자위행위를 하는 것은 옳지 않습니다.

게다가 쾌락을 동반하는 것은 언제나 중독성이 있습니다. 술, 담배, 마약이 그렇고 섹스도 마찬가지입니다. 자위행위도 여러 번 반복하다 보면 나중엔 견딜 수 없어서 하게 됩니다. 샤워를 하거나 음침한 곳에서 자위를 하면서 나쁜 상상을 하죠. 우리의 몸은 하나님의 성전입니다. 하나님의 성전을 더럽히고 함부로 남용하는 것이므로 이것은 분명 하나님 앞에 죄를 짓는 것입니다.

그러나 혹시 지금 자위행위에 빠져 있더라도 수치심과 죄의식으로 괴로워하지 마십시오. 젊은 시절의 성적 유혹 때문에 그럴 수 있습니다. 저도 그런 경험이 있습니다. 그러나 이것이 바람직한 것이 아님을 배워서 이 성적에너지를 다른 쪽으로 대체시켜야 합니다. 예를 들면 운동을 하거나 조깅, 농구, 찬양 집회에 참석해서 열심히 찬양을 하다든지 해서, 다른 데 힘을 많이 쏟으면 자위행위에 쓸 에너지가 없습니다. 쉽게 빨리 고쳐지진 않겠지만 계속 노력한다면 잘못된 습관을 고칠 수 있습니다. 자위행위에 대해 하나님 앞에 기도하면서, 우리 몸이 성전인 것을 알고 남용하지 말고 나쁜 생각하지 말고 음욕에 빠지지 않도록 합시다.

진한 스킨십도 성관계인가요?

청년들이 대개 데이트를 할 때 스킨십을 많이 하게 됩니다. 손을 잡고 어깨를 어루만지고 그 다음에 껴안게 되지요. 그것도 어깨를 살짝 안는 것과 가슴을 맞닿는 깊은 포옹이 있습니다. 이 단계까지 가면 얼굴이 가까우므로 키스를 하게 됩니다. 키스도 입술을 맞닿는 가벼운 경우와 깊은 키스가 있습니다. 다음으로 애무의 단계에 들어갑니다. 가볍게 상대의 몸을 더듬는 것에서 실제로 몸을 만지는 것이 있습니다. 그 뒤 오럴 섹스로 넘어가거나 성관계까지 가는 것이 일반적인 스킨십의 과정입니다.

그러면 어디까지가 허용이 되고 아름다운 것인가? 이렇게 말씀드리고 싶습니다. 상대방에게 성욕을 불러일으키면 그 단계는 성적인 스킨십이 됩니다. 그래서 성관계를 하기가 쉽습니다. 서로 사랑하기 때문에 보고 싶고 만지고 싶은 것은 자연스러운 것입니다. 우리가 어린 아이들을 보면 너무 예쁜 마음에 만지고 싶지 않습니까? 예쁜 꽃을 보고 향기를 맡는다거나 만져 보고 싶듯이 자연스러운 감정입니다. 그런데 꽃이 예쁘다고 해서 꽃을 딴다거나 어린 아이가 예쁘다고 해서 이상한 행동을 하는 것은 안 되지 않습니까? 마찬가지로 스킨십도 아름답고 사랑스럽기 때문에 만질 수 있어요. 예수님도 우리를 사랑하셔서 안아 주시고 어린 아이들도 만져 주시지 않았습니까? 그러나 이 정도를 넘어서 성적인 관계로 들어가는 것은 옳지 않습니다.

그럼 어디까지가 허용이 되는가? 일반적으로 라이트 키스, 그러니까 가벼운 포옹과 뺨이나 이마, 입술에 살짝 키스하는 정도가 바람직합니다. 진한 키스는 성욕을 일으키기 때문에 하지 말아야 합니다. 그리고 대화를 통해서 서로 어디까지 가면 성욕이 일어나는지 알아야 합니다. 예를 들어 자매는 키스를 하면 성욕이 생기고, 형제는 만지는 데까지는 괜찮은 것 같다고 한다면, 자매를 생각해서 포옹까지만 할 수 있습니다.

둘 중 어느 한 쪽도 성욕이 일어나는 부분까지 가서는 안 되는 거죠. 그 직전까지 서로 사랑을 표현하는 것은 아름다운 것입니다. 정말 스킨십 때문에 서로 마음이 힘들다면 빨리 결혼을 하십시오. 그러면 얼마든지 원하는 만큼 스킨십을 할 수 있습니다.

QUESTION

어려서 성을 탐닉하는 행동은 영적 생활에 어떤 영향을 미치나요?

ANSWER

어려서부터 성을 탐닉하면 너무 일찍 성 충만한 상태가 되어 버립니다. 그러면 성령 충만하기가 너무 힘들겠죠. 그래서 우리의 마음은 성령과 성욕이 싸우는 전쟁터가 되어 버릴 것입니다. 그리고 하나님과의 영적 관계가 올바로 정립될 수 없습니다. 어려서 성에 탐닉하는 것은 크리스천의 정체성에도 혼란을 주므로 반드시 피해야 합니다. 영적 생활에 나쁜 영향을 미치는 성에 빠지지 않도록 주위에서 도와주고 상담해 주고 치유해 주는 것이 올바릅니다.

QUESTION

이성교제 시 성행위는 안 하고 서로의 몸만 보는 것도
죄가 되나요?

ANSWER

굉장히 어려운 질문입니다. 성행위를 하지 않고 서로의 몸만
본다 해도 몸을 보면서 마음이 편안할까요? 위험합니다. 마음이
편할 수가 없죠. 당연히 음욕이 생깁니다. 특별히 남자는 시각이
예민하기 때문에 자매의 벗은 몸을 본다면 금방 성욕이 생깁니다.
따라서 서로의 관계가 힘들어지고 이 문제로 싸울 수도 있습니
다. 절대 이런 무모한 일은 하지 않도록 조심해야 합니다. 진정으
로 서로의 몸이 그리울 때는 가능하면 결혼하시기 바랍니다. 결혼
하면 성관계도 자연스럽게 가질 수 있습니다. 다시 한 번 강조하
지만 결혼하지 않은 상태에서 서로의 몸만 보는 것은, 필경 보는
것으로 끝나지 않고 성욕이 생겨 성관계까지 갈 것이므로 아예 이
런 지경까지 가지 않도록 조심해야 하겠습니다.

기독교에서는 혼전순결을 강조하는데, 정신적인 순결과 육체적인 순결은 어디까지 허용이 되는지 궁금합니다.

우리는 하나님 앞에 순결하고 귀한 자녀들입니다. 그러나 우리는 이 세상에 살면서 끊임없이 육체적, 정신적 유혹을 받습니다.

정신적 순결이라면, 육체적으로 성관계를 하지 않아도 마음으로 얼마든지 음욕을 품고 간음할 수가 있습니다. 그래서 자위행위를 한다거나 포르노 영화를 본다거나 인터넷의 야한 장면을 즐긴다거나 하는 것은 마음으로 많은 죄를 짓는 것입니다. 예수님께서는 마태복음 5장 28절에서 여자를 보고 음욕을 품는 자가 이미 간음했다고 하셨습니다. 육체적인 행위가 없어도, 누군가와의 성관계를 마음으로 그리면서 즐기고 성적 환락을 느낀다면 음욕에 해당하므로, 이것은 이미 정신적인 순결을 잃은 것이라고 볼 수 있습니다. 솔직히 우리 인간은 연약하기 때문에 이런 사탄의 유혹을 계속 받습니다. 따라서 기도와 신앙생활로 자신을 겸비해야겠습니다. "나는 하나님의 순결한 자녀다 사탄아 물러가라"고 물리치는 훈련이 필요합니다.

두 번째는 육체적 순결입니다. 실제로 성관계를 하지 않는다 하더라도, 오럴 섹스를 하거나 짙은 애무를 통해서 성적흥분을 일으키고 성적황홀경에 빠진다면 이것은 이미 육체적 순결을 잃고 있는 것입니다. 따라서 상대가 성적 흥분을 느끼지 않도록 서로 조심하고 서로의 몸을 귀하게 여겨야 합니다.

하나님께서는 중심을 보시기 때문에 마음의 순결을 중요하게 생각합니다. 그러므로 우리는 무엇보다 마음을 지켜야 합니다. 물론 워낙 성적 유혹이 많아 지키기가 어렵습니다. 우리 예수 믿는 사람들은 이것이 영적 전쟁임을 깨닫고 이겨낼 수 있도록, 서로 모여서 격려하고 상담하고 기도해 주는 것이 필요합니다.

QUESTION

요즘은 동거를 해 보고 난 뒤 결혼하려는 경향이 많습니다. 성경에선 동거를 허용하고 있지 않지만 시대에 따라서 결혼관도 바뀔 수 있는 것 아닐까요? 그리고 성경 어느 구절에서 동거를 허용하지 않는지도 알고 싶습니다.

ANSWER

맞습니다. 요즘에는 동거로 고민하고 있는 사람들을 쉽게 만날 수 있습니다. 성경이 쓰였을 때는 동거라는 것이 없었는데 요즘에는 결혼관 자체가 동거를 해서 성적으로 맞으면 결혼하고 안 맞으면 하지 않는 것으로 흐르더군요. 하지만 이것은 모두 사탄의 속임수입니다.

하나님께서는 우리가 성관계를 잘할 수 있도록 이미 우리의 DNA속에 넣어 주셨습니다. 남성의 성적인 특징, 여성의 성적인 특징을 다 주셨고, 또 모든 것을 잘할 수 있도록 하셨다는 것이 성경에 기록되어 있습니다. 동거를 하는 사람들은 인간적인 욕

망과 성욕에 따라서 동거를 해 보고 결혼하는 것이 더 합리적이라고 주장하지만 이것은 명백한 간음행위입니다.

성경에서는 남편과 아내 이외에 성관계를 하는 것은 모두 간음으로 규정하고 있습니다. 그러므로 이런 속임수에 빠지지 않도록 해야 합니다. 고린도 전서 6장 12절에서 20절을 보면 우리 몸이 그리스도의 지체인 것을 알고 둘이 결합하면 한 몸이 된다고 말씀하고 있습니다. 성관계를 하면 이미 그 사람과 한 몸이 되는 것이므로 결혼하지 않은 상태에서 행하면 곧 음행인 것입니다.

그래서 동거는 하나님이 기뻐하시지 않습니다. 세대가 어떻게 변한다 할지라도, 결혼 상태가 아닌, 즉 남편과 아내가 아닌 상태에서 성관계를 하는 것은 간음입니다. 동거를 해 보고 결혼을 하라는 사탄의 유혹에 빠지지 않도록 합시다. 고린도 전서 6장 12절에서 20절, 잠언 5장 15절에서 19절의 말씀을 깊이 묵상하시기 바랍니다.

결혼 전 상대방이 처녀 혹은 총각이 아님을 알았을 때는 어떻게 받아들여야 하나요? 또 결혼 후에 알게 되었을 때는 어떻게 대처해야 할까요?

ANSWER

어느 누구도 하나님 앞에 이런 문제로 떳떳한 사람은 없습니다. 실질적으로 성관계를 안 했다 할지라도 우리는 마음으로 얼마든지 음욕을 품기 때문에 누구라도 이 문제로 쉽게 정죄할 수 없습니다. 예수 그리스도의 심장으로 모든 사람을 용서하고 죄를 잊어버리고 앞에 있는 푯대를 향해 달려가는 아름다운 관용의 자세를 가져야겠습니다. 생각해 보십시오. 설사 성적 행위로는 깨끗하다 할지라도 마음으로도 깨끗합니까? 마음으로는 많은 죄를 지었지요. 결국 나도 용서받을 존재임을 깨닫고 용서하시고, 용서받은 자로서 서로를 용서하십시오.

남자친구가 낙태에 대한 죄책감 때문에 절 만나는 것 같아 힘이 듭니다. 뭐라고 말해 줘야 할까요?

죄책감이 드는 것은 지극히 자연스런 모습입니다. 그러나 죄책감을 두고 하나님 앞에 진심으로 회개하십시오. "만일 우리가 우리 죄를 자백하면 저는 미쁘시고 의로우사 우리 죄를 사하시며 모든 불의에서 우리를 깨끗케 하실 것이요"(요한일서 1:9)라는 말씀에 의지해 모든 죄책감을 버리고 푯대를 향해 다시 달려가야겠습니다.

죄책감을 계속 가지고 있다는 것은, 하나님에 대한 믿음보다 사탄의 술수에 넘어가는 불신앙의 자세입니다. 하나님이 용서한 것을 자신은 용서하지 못하고 있다는 말이 되기 때문입니다. 그러므로 하나님의 용서하심을 믿고 담대하게 앞으로 나아가십시오.

QUESTION

남자친구와의 스킨십이 성관계로까지 가지 않게 하려면 어떤 점을 신경 써야 하나요?

ANSWER

상대방에게 성적인 흥분을 일으키는 단계까지 가지 않도록, 서로 대화를 해서 어느 부분에서 성적 흥분이 일어나는지 알고 미리 절제하면서 만나면 성관계로 가지 않을 수 있습니다. 결혼 첫날밤에 거룩한 성을, 아름다운 성을, 순결한 성을 주겠다고 약속하면서 서로 상대방을 보호해 주고 사랑한다면 행복한 만남이 될 것입니다.

QUESTION

나중에 남편이 성경험이 있는지 물어보면 거짓말을 해야 하나요? 그런 거짓말은 죄가 되지 않나요?

ANSWER

만약 하나님께 진정으로 회개했다면 하나님께서는 기억도 아니 하시고 다 용서하신다고 하셨습니다. 그 부분에 대해 머뭇거리지 말고 당당하게 "나는 깨끗합니다"라고 선포하십시오. 왜냐하면 하나님도 잊어버리셨으니 나도 잊어버리고 담대하게 하나님 앞에 새로운 사람으로 서는 것이 하나님의 기뻐하시는 바이기 때문입니다. 남자도 마찬가지입니다. 용서받은 자로서 앞으로 나아가 새롭게 생활하시고 깨끗함을 선포하십시오.

제 남자친구는 저랑 손만 잡아도 성욕을 느낀다고 합니다. 그럼 손도 잡지 말아야 하나요?

많은 사람들이 이미 성적으로 많이 흥분되어 있기 때문에 손만 잡아도 성욕을 느낄 수 있는 것입니다. 이런 경우라면 정말 손도 잡지 말아야겠죠. 물론 참 힘들지요. 하지만 성적으로 흥분을 느낀다면, 흥분을 일으키는 의도적인 행동을 해선 안 되겠습니다.

우연히 길을 가다가 손을 잡게 되었다면 무리가 없겠지만, 혹 그때도 성욕이 생긴다면 당장 그런 상황을 피해야 합니다. 어쨌든 성욕을 일으키는 데까지 다다르면 상대방은 성적 흥분에 휩싸여 성관계를 하고 픈, 절제하기 힘든 상태가 되어 버립니다. 이렇게 되면 두 사람의 관계는 건전하기보다 동물적인 성욕의 노예가 되기 때문에 성욕을 일으키지 않는 선까지만 스킨십을 해야겠습니다.

하나님께 혼전 성관계를 용서 받아, 마음의 죄책감도 없고 자유함을 얻었습니다. 그런데 교제하는 형제 혹은 자매가 과거에 관한 질문을 한다면 솔직히 고백해야 하나요?

ANSWER

고백할 필요는 없습니다. 하나님께 용서받았고 내 마음이 평안하다면 고백하지 말고 앞으로 나아가시기 바랍니다. 하나님이 용서하시고 다 치유해 주셨는데, 애써 그렇게 고백할 필요는 없습니다. 그러나 만약 고백하지 않고는 도저히 마음이 괴롭고 불편하다면, 결혼하기 전에 고백하십시오. 그랬을 때 상대방이 깨끗이 용서하고 이해해 준다면 결혼하셔도 무리가 없겠지만, 고백했을 때 상대가 너무나 괴로워하고 힘들어한다면 그런 형제나 자매와는 결혼해서는 안 됩니다. 왜냐하면 이것이 올무가 되어 평생토록 괴롭힐 수 있고, 결혼생활도 행복해질 수 없기 때문입니다.

QUESTION

동성애자들도 구원받을 수 있습니까?

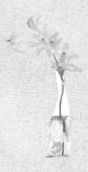

ANSWER

어려운 질문입니다. 동성애자들이 있습니다. 그렇게 태어났다
기보다는 자라면서 어린시절의 상처로 인해 동성애적인 기질을
가지게 되었다고 보는 것이 정확합니다. 이것은 일종의 병이라
고 볼 수 있습니다.

그러므로 이들도 진정으로 하나님을 영접하고 예수를 믿는다
면 구원받을 수 있습니다. 그러나 이들이 자신의 동성애적 상태
를 벗어나려 하지 않고, 그것을 계속 옳다고 주장한다면 성경 말
씀과 정반대로 나가는 것입니다. 레위기나 소돔 고모라의 사람
들, 또 로마서 1장에서도 알 수 있듯이 그런 상태로는 구원받을
수 없으며, 이 사람이 진정 예수를 믿는 사람인가를 점검해 봐야

합니다. 교회를 다니고 구원받았다는 말을 하면서도 동성애라는 죄를 회개하기는커녕 오히려 정당화시키고, 심지어 성경의 개정판을 만들어야 한다고 주장한다면 진정으로 하나님을 아는 사람이 아닙니다.

그러나 동성애자라도 마음속에 아픔을 느끼고 회개하고 거기에서 나오려고 노력하여 점점 좋아지고 있다면 이 사람은 구원받은 사람이라고 볼 수 있습니다.

QUESTION

"형제가 애써 순결을 지키면 너무 고루한가요?"

순결을 지켜 온 형제입니다. 끝까지 지킬 가치가 있다고 생각하는데 요즘 처녀가 어디 있냐는 친구들의 말을 들으면 걱정이 됩니다. 결혼해서 신부가 성경험이 있다는 것을 알게 된다면 결혼생활을 지속할 수 없을 것 같아서요. 여러 여자를 만나보라고 친구들이 권하는데, 그게 맞는 말입니까? 아니면 제가 너무 고루한 것입니까?

ANSWER

형제가 이렇게 순결을 지켜온 것을 높이 평가합니다. 그렇다고 해서 자기 아내가 순결을 지켰는지 점검하고 그 결과가 자신의 성에 차지 않으면 무시한다거나 하는 마음가짐은 잘못된 것입니다. 왜냐하면 형제도 몸은 지켜왔을지 모르지만, 마음으로는 많은 성적인 갈등과 고민 속에서 헤매었을 것이 확실하기 때문입니다.

요즘 청년들은 그러기가 쉽습니다. 나도 하나님 앞에 자랑할 수 없고 나도 순결한 사람이 아니라고 봐야 하죠. 단지 우리가 순결할 수 있는 것은 예수그리스도의 십자가의 공로로 용서받고 씻음 받았기 때문이라는 것을 아셔야 됩니다. 요한일서 1장 9절에서 "만일 우리가 우리 죄를 자백하면 저는 미쁘시고 의로우사 우리 죄를 사하시며 모든 불의에서 우리를 깨끗케 하실 것이요" 라고 말씀하시지 않았습니까? 우리가 순결할 수 있는 것이 예수그리스도의 피 값으로 순결한 것이지 내가 순결을 지켜왔다고 해서 순결한 것은 아니거든요.

그런 의미에서 본다면 자매에 대해 형제는 과거를 묻지 말고, 진정으로 하나님을 사랑한다면 앞을 바라보면서 건강하고 거룩한 가정을 이끌어 가는 것이 바람직합니다. 또한 배우자를 만나기 위해 많은 자매를 만나보고 건전하게 데이트를 하는 것은 올바른 자세라고 봅니다.

QUESTION

"이제는 교제보다 신앙생활에 우선하고 싶지만…"

여자친구를 전도하여 교제를 하고 있습니다. 하지만 스킨십이 잦아지고 여자친구와의 친밀함이 깊어지면 깊어질수록 저는 기도와 말씀묵상 같은 신앙생활에 나태해졌습니다. 더욱 심각한 것은 이제 여자친구와의 이런 부적절한 관계를 끊어보려고 해도 그럴 수가 없다는 것입니다. 기도도 해 보고 이런저런 시도를 계속 해 보았지만, 마치 중독이라도 된 듯 쉽게 멈출 수가 없습니다.

반면 초신자인 여자친구는 저의 이런 고민을 전혀 모릅니다. 서로 사랑하니까 육체적 관계도 당연한 것이라고 생각하는 여자친구를 보면, 도저히 헤어질 생각을 할 수가 없습니다. 그렇다고 이런 관계를 지속하자니, 자매에게 신경 쓰느라, 하나님과의 관계가 무너질 것 같습니다. 자매를 만나면서도 믿음생활을 제대로 할 수 있는 방법은 없을까요?

ANSWER

　믿음을 지키고자 하는 형제의 아름다운 모습을 엿볼 수 있군요. 여자친구를 전도해서 예수님을 믿게 되었다면, 이 자매는 아직 초신자이고 어린아이입니다. 자매와 같이 말씀묵상도 하고 수련회에 참석하면서 순결을 지키는 것이 얼마나 귀한 것인지 가르쳐 주십시오. 스킨십도 성욕을 일으키지 않는 정도까지 하자고 약속을 하는 등 자매를 설득하고 도와줘야겠습니다.

　자매를 버리기보다는 가르치고 올바르게 인도해서 좋은 만남을 가지되, 가능하면 빨리 결혼하십시오. 초신자인 자매의 신앙을 형제의 도움으로 성장시키시면 더욱 좋겠습니다.

QUESTION

"여자친구가 교제 기간을 불안해해요"

하나님을 너무도 사랑하는 신실한 자매와 교제하고 있습니다. 스킨십도 키스까지로 정해 놓고 잘 지켜 오고 있습니다. 저는 이렇게 교제하면서, 2~3년 후에 결혼할 생각입니다만, 자매는 그러다가 나중에 제가 떠나면 어떻게 하냐고 많이 불안해합니다. 자매의 그런 모습을 보면 나를 못 믿는 것 같아 속상하기도 하고, 여자인 자매의 입장에선 그렇게 생각할 수도 있을 것 같기도 합니다. 어쨌든 가슴이 아프고 안타깝습니다. 자매에게 도움이 될 만한 조언을 해 주고 싶습니다.

ANSWER

　참 훌륭한 형제와 자매입니다. 자매의 마음속에 두려움이 있는 것도 이해가 갑니다. 그러나 자매의 이런 두려움은 형제가 자매에게 확신을 주지 못하기 때문에 생긴 것이라고 볼 수 있습니다. 그러므로 형제는 자매에게 확실한 확신을 주시고, 2,3년 후에 결혼하려고 생각하지 말고 1년 내로 결혼을 생각하십시오. 경제적인 문제가 있다면 결혼 후에 더 좋아질 수 있습니다. 보통의 경우도 형제가 자꾸 결혼을 미루다 보면 자매들은 불안해합니다. 자매들과 형제들의 생각이 많이 다른 것을 깨닫고 서로 사랑한다면 결혼을 늦출 필요가 없습니다.

　결혼까지 1년의 시간표를 써서 자매에게 보여 주십시오. 당신밖에 없다. 당신만 사랑하겠다. 당신을 얻기 위해 나는 이 세상 30억의 여자를 포기한다는 자세를 보여 주십시오. 꼭 행복한 결혼의 결실을 맺으시길 바랍니다.

QUESTION

"아직 불신자인 남자친구와의 스킨십"

믿지 않는 형제와 교제를 하는데, 성적인 행동들을 자꾸 하게 되어 하나님 앞에 부끄러울 뿐입니다. 직접적인 관계는 아니지만 스킨십도 똑같은 성적 접촉이라는 사실을 깨닫고부터는, 이제 하지 말아야지 하는데도 매번 흔들리는 저 자신이 너무나 한심합니다. 대학생으로서 서로의 발전을 위해 건설적으로 만나야 하는 것을 알지만, 지금은 저 스스로가 통제를 할 수 없습니다.

겨우 교회를 나가고 믿음을 가지려고 하는 형제에게, 먼저 믿은 제가 본이 되어야 하는데 저 스스로도 제대로 서 있지 못해 답답합니다. 본능에 의존하기보다 하나님 앞에 온전한 교제를 하고 싶습니다. 구체적으로 저희의 교제가 어떻게 되어야 하는지 알고 싶습니다.

ANSWER

스킨십을 자꾸 하는 것도 문제지만, 믿지 않는 형제와 교제를 하는 것이 더 문제입니다. 왜냐하면 믿지 않는 형제와 교제하는 것은, 영적으로는 죽은 사람과 교제하는 것이기 때문입니다.

교회에 같이 나갈 수도 없고, 따라서 형제 때문에 자매의 믿음까지 떨어질 수가 있습니다. 믿지 않는 형제와 교제하는 것은 다시 한 번 생각해 보시고, 아니면 그 형제를 전도하십시오. 형제가 믿음을 가진 다음에야 비로소 깊은 교제를 할 수 있고 스킨십도 할 수 있는 것이지, 지금 상태에서 스킨십을 하는 것은 잘못입니다.

자매가 자신을 절제하지 못하는 것이 형제를 오히려 더 나쁘게 만들 여지가 있습니다. 이제는 그런 본능에 의존하는 삶보다 하나님 앞에 바로 서서 스킨십을 하지 않도록 단단히 절제하시구요. 꼭 형제를 예수 믿게 하십시오. 혹 형제가 예수 믿을 의도가 없다면 그 교제는 피하는 것이 좋습니다. 크리스천으로서 모델이 되는 자세를 형제에게 보여 주십시오. 그리고 크리스천은 결혼 전엔 성 접촉을 하지 않는 것이 좋다는 것을 가르쳐 주셔서 형제가 오해하지 않도록 도움을 줘야겠습니다.

QUESTION

"자위행위의 후유증이 두렵습니다"

내년에 결혼을 앞두고 있습니다. 그런데 저 스스로가 어릴 때부터 자위행위를 한 것 때문에 심한 자괴감에 빠져 있습니다. 남자친구는 평범하고 깨끗한 사람이라 제가 너무 미안합니다. 그렇다고 진짜 성경험이 있는 것은 아니지만, 혹 결혼 후에 남자친구가 알게 될까 봐 두렵습니다. 아이를 낳아 행복한 가정, 믿음의 가정을 만드는 것이 꿈인데 이런 몸으로(외관이 조금 변한 것 같아서) 애를 가질 수 있을까 하는 걱정도 되고요.

분명 죄에 대해 회개하고 고침을 받았는데도 믿음이 약해서인지 불안합니다. 현실적으로 제가 어떻게 대처하며 결혼을 준비해야 할까요?

ANSWER

　현재 미국에서는 자위행위를 하는 남자가 90%, 여자가 80%라고 합니다. 우리나라도 큰 차이가 없을 것이라고 봅니다. 수치에서도 알 수 있듯이, 여자들도 성 문제로 많은 어려움에 빠져 있습니다. 자위행위는 일종의 중독행위입니다. 숨기고 싶고 괴로워하는 자괴감에 빠지면서도 또 하고 마는 자기 자신을 보면서 너무나 한심한 생각도 들죠. 저도 충분히 이해합니다. 중독 증세이기 때문에 그렇습니다.

　이럴 때에는 하나님 앞에 기도하시면서 회개하시고, 만약 그런 생각이 나면 밖에 나가서 운동을 하거나 설거지를 다시 한다거나 하는 행동으로 몸에 축적되어 있는 에너지를 소비하셔서 성욕이 생기지 않게 하셔야 합니다. 그리고 지난 자위행위 때문에 자책감이나 열등감을 갖지 마시고 하나님께 진정으로 회개하면 하나님께서 다 용서하십니다. 아이를 낳는데도 전혀 문제 될 것이 없습니다. 떳떳하게 새로이 출발하시길 바랍니다. 모든 사람들이 다 그런 것에 빠질 수 있고, 실제로도 많은 형제, 자매가 겪고 있습니다. 예수님은 그 모든 사탄의 유혹보다 강한 분이시니까 꼭 주님 의지하시고 담대하게 "사탄아 물러가라"고 유혹을 물리치십시오. 기도를 통해 혼자가 아닌 주님과의 합동 작전을 펼치셔서 꼭 물리치시고 승리하시기 바랍니다.

QUESTION

"10년 전 낙태의 기억을 지울 수가 없어요"

올해 34세인 자매입니다. 철없던 23세 때, 사귀던 남자친구의 아이를 가졌다가 낙태했습니다. 그 후, 남자친구와는 헤어졌고 이후로 다른 누구와 한 번도 교제한 적이 없습니다. 아직도 그때 일로 죄의식이 들어 괴롭습니다. 어떻게 해야 할까요?

ANSWER

매우 힘들었을 그 시절이 이해가 됩니다. 그렇지요. 얼마나 힘들었습니까. 그래서 지난 11년 동안 다른 남자친구와 교제도 못 했군요.

그러나 자매님이 하나님을 믿으시면 그 죄에 대해 철저하게 회개하십시오. 진정으로 회개하시면 우리 하나님은 참 좋으신 하나님이라서 자매가 지었던 모든 범죄를 잊어버리십니다. 기억도 아니 하신다고 하셨습니다. 저 깊은 바다에 던져 버린다고 하셨습니다.

그러므로 자매는 더 이상 죄책감 갖지 마십시오. 혹 사탄이 하나님이 용서하신 상처를 들먹거리면서 자매에게 죄책감을 갖도록 유혹한다면 "나는 예수님의 딸이다 나는 용서받았다"고 담대하게 선포하십시오. 그리고 새롭게 교제하고 결혼하시기 바랍니다. 괜찮습니다. 우리 모두는 죄인입니다. 다만 우리 죄를 하나님께 자백할 때 하나님께서 용서하여 주신다고 약속하셨습니다. 죄책감에 빠지지 말고, 사탄의 유혹에 넘어가지 말고 승리하시길 바랍니다.

"이별 후 무너질 남자친구가 걱정돼요"

남자친구와 성관계를 한 수치심을 기도로 이겨 보려 했지만 잘되지 않았습니다. 전혀 변함이 없는 남자친구의 태도도 원망스럽고요. 게다가 그 친구의 부모님은 믿지 않는 분들이라, 헤어져야겠다고 마음먹었습니다.

근데 정작 제 발목을 잡는 것은, 헤어진 뒤 남자친구가 상처를 견뎌내지 못할 것 같다는 겁니다. 사실 남자친구는 신학생으로, 다 그런 것은 아니겠지만 신학을 한다는 이유로 여자들에게서 많이 거부를 당한 경험이 있기 때문입니다. 다시는 여자를 쳐다보지 않을지도 모릅니다. 그런 그를 생각하니 제 마음이 아픕니다. 혹 신앙마저 저버리지는 않을까 걱정이 됩니다. 그에게 제가 어떻게 해 줄 수 있을까요?

ANSWER

자매의 배려하는 마음이 아름답습니다. 그런데 남자친구와 꼭 헤어져야 하는지 모르겠군요? 부모님이 믿지 않는 분들이라고 해서 형제와 꼭 헤어지라는 법은 없습니다. 왜냐하면 형제가 예수를 믿고 있기 때문입니다. 형제와 힘을 합하면 부모님도 예수 믿게 할 수 있습니다. 그런 문제로 헤어질 필요는 없다고 봅니다.

혹 두 사람이 아름다운 관계를 갖지 못하고 있다면 헤어질 수 있겠죠. 그러나 형제가 순진해서 상처를 깊이 받아, 다시는 여자를 쳐다보지도 않을 것 같아 마음이 아프다면 그것은 크게 염려할 문제가 안 됩니다. 하나님이 형제를 치유해 주시기 때문에 자매님은 그 형제를 위해서 기도하고, 신앙적으로 더 성숙할 수 있도록, 옆에서 도와주면서 좋은 친구로 지낼 수 있습니다.

단순히 형제가 신앙을 저버릴까 염려되어 결혼까지 간다면 그것은 오히려 더 불행한 결혼이 될 것입니다. 자매는 형제의 연약한 부분에 대해 기도하고 상담해 줄 수는 있습니다. 만약 그런 부분을 치유하고 격려하여, 신앙의 성장으로 이끌 수가 있다면 결혼해도 좋겠습니다.

QUESTION

"주의 종"이 되려고 합니다. 그러나 성적 순결을 지키지 못한 저를 하나님께서 쓰실까요?

ANSWER

우리 인간은 모두 성적으로 다 위험한 상태에 놓여 있다고 봐도 과언은 아닐 것입니다. 특히 하나님의 종이 되려는 사람들은 순결할 때 하나님이 쓰십니다. 그러나 그것을 깨닫기 전까지는 잘못했다 할지라도, 지금부터 회개하고 성적 순결을 지킨다면 얼마든지 주의 종이 될 수 있습니다.

하나님 앞에 떳떳하다고 자신할 수 있는 사람은 아무도 없습니다. 하나님의 마음에 합한 사람이라고 하나님께서 칭찬할 정도의 신앙을 가졌던 다윗도 성적인 범죄를 저질렀습니다.

그렇다고 이것이 당연시 되어서는 안 되며, 합리화 되어서는 더더욱 안 될 것입니다. 반드시 이 문제에 대해 주님 앞에 철저히 회개해야 합니다. 그리고 다시는 이 죄에 빠지지 않도록 주님의 인도를 받으면서 성적 순결을 지켜 간다면, 하나님께서 쓰시는 귀한 주의 종이 될 수 있을 것입니다.

진정으로 회개하십시오. 혹 성 중독증 같은 병증이 있다면 상담도 받으시고, 내적치유도 받아서 근본적인 문제를 해결하십시오. 그러면 얼마든지 주의 종이 될 수 있으니 분발하시기 바랍니다.

Chapter 4

취 향

저는 댄스가요나 팝을 좋아합니다. 그러다 보니
여자 가수의 야한 뮤직 비디오나 다소 선정적인 내용이 담긴
노래들도 듣게 됩니다. 크리스천은 음란을 버려야 하니까
이런 음악 취향도 버려야 할까요?

QUESTION

"선정적인 댄스 음악을 좋아하는데…"

저는 댄스가요나 팝을 좋아합니다. 그러다 보니 여자 가수의 야한 뮤직 비디오나 다소 선정적인 내용이 담긴 가사의 노래들도 듣게 됩니다. 크리스천은 음란을 버려야 하니까 이런 음악 취향도 버려야 할까요?

ANSWER

중요한 질문입니다. 그 음악을 좋아해서 야한 뮤직 비디오나 선정적 내용의 노래를 자꾸 듣게 되면, 머리는 그런 생각으로 가득 차게 됩니다. 그러면 그런 것이 입 밖으로 튀어 나오고 성령이 충만하기보다는 성욕이 충만하게 됩니다.

이것은 웰빙 시대에 우리가 육체의 건강을 관리하기 위해 인스턴트 음식을 피하는 것과 같은 이치에서 생각할 수 있습니다. 영적 건강을 지키기 위해서는 취향이라는 본능적인 부분도 절제하는 것이 바람직하겠지요.

크리스천이 부르는 건전한 팝이나 랩송에 귀를 기울이시면서,

더 좋은 음악, 건전한 음악을 만들 수 있는 방향으로 나간다면 하나님이 더 기뻐하실 것입니다.

또 크리스천들이 노래나 댄스 등 연예계에 진출하는 것은 바람직한 일입니다. 그러나 들어가서 동화되지 말고, 변화시켜서 아름다운 하나님 나라를 만드는 것이 우리의 책임입니다. 동화되는 것은 하나님이 기뻐하시지 않기 때문에 조심해야 하겠습니다.

QUESTION

"취향이 달라도 너무 달라요"

서로 사랑하고, 신앙의 색깔도 잘 맞아서 결혼을 염두에 두고 교제 중입니다. 다만 관심사나 취향이 달라도 너무 달라 답답하고, 때론 절망감까지 느낄 정도로 힘들어서 헤어짐을 고려중입니다. 어떻게 해야 할까요?

ANSWER

서로 다르지만, 다른 것은 불행이 아니라 조화를 이룰 수 있는 축복입니다. 그런데 다른 것이 조화를 이루려면 조화를 이룰 수 있는 능력이 필요하겠죠.

그럼 어떻게 하면 조화를 잘 이룰까요? 예를 들면 오케스트라의 많은 다른 악기들을 생각해 보십시오. 제각각 개성이 있고, 다른 소리를 가졌지만 지휘자의 지휘에 따라 한 악기에서 소리가 나듯 소리가 어울려 납니다. 마찬가지로 서로 신앙의 색깔이 잘 안 맞고 취향도 다르다 할지라도 서로 대화를 해 보면, 신앙의 중첩되는 부분에서 같은 신앙생활을 할 수가 있습니다.

또 깊이 사랑하면 어느새 취향도 같아집니다. 결국 취향은 조절할 수 있고, 이런 일은 본질적인 문제가 아닙니다. 서로 얼마든지 고려하고 맞춰가면서 아름답게 성장할 수 있습니다. 좋은 결실을 맺도록 노력하시길 바랍니다.

QUESTION

"자매의 학력이 마음에 걸려요"

고졸인 자매를 소개받았습니다. 아무리 생각해도 학력이 걸리는군요. 같은 대졸의 자매가 말이 더 잘 통하는 것 같아요. 자매들이 형제의 학력, 키, 경제력을 따지듯이 형제도 응당 그런 마음을 가질 수 있다고 생각합니다. 제가 잘못 생각하고 있는 건가요?

ANSWER

교제할 때 공통점이 많으면 많을수록 더 행복한 결혼생활을 할 수 있는 것은 사실입니다. 하지만 공통점이 부족하다 할지라도 노력 한다면 공통점을 만들어 갈 수 있습니다.

예를 들면 고졸인 자매와 결혼한 후 여건이 된다면 자매를 공부시킬 수도 있습니다. 얼마든지 가능합니다. 제가 아는 어느 유명한 교수님 부부는 아내는 우리나라에서 일류라고 말하는 대학을 졸업했고, 남편은 가난해서 고등학교밖에 졸업을 못했습니다. 그런데 결혼하고 나서 아내가 남편을 야간대학에 보내고, 그 뒤로도 서로 협력해서 둘 다 미국에 가서 박사학위까지 받고 지금은 대학교수로 섬기고 있습니다. 형제도 이 자매가 자기에게 아름다운 자매라면, 그리고 가능성이 있다면, 공부하고자 하는 마음이 있다면 결혼해서도 얼마든지 더 성숙시킬 수 있습니다.

저의 경우에도, 아들이 신학 공부를 하고 있을 때 며느리에게 부탁을 했습니다. "너도 21세기에 지도자가 될 수 있으니 함께 공부를 해서 박사학위를 받아라" 그래서 제 며느리는 결혼하고 난 뒤 4년 만에 박사학위를 받았습니다. 그렇게 해서 두 사람이 성장하는 것을 보았어요. 얼마든지 성장시킬 수 있는 자매라고 생각한다면 결혼하십시오.

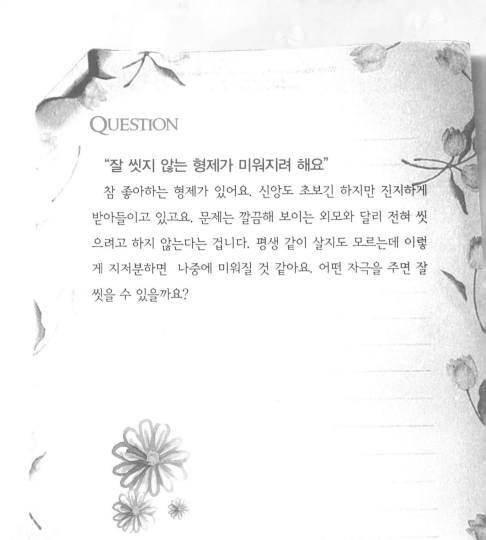

QUESTION

"잘 씻지 않는 형제가 미워지려 해요"

참 좋아하는 형제가 있어요. 신앙도 초보긴 하지만 진지하게 받아들이고 있고요. 문제는 깔끔해 보이는 외모와 달리 전혀 씻으려고 하지 않는다는 겁니다. 평생 같이 살지도 모르는데 이렇게 지저분하면 나중에 미워질 것 같아요. 어떤 자극을 주면 잘 씻을 수 있을까요?

ANSWER

　형제가 씻지 않는 것은 혼자 살기 때문입니다. 아내와 같이 살면 잘 씻을 것입니다. 이런 비본질적인 문제는 결혼에 전혀 걸림돌이 되지 않습니다. 결혼해서 자매에 대한 형제의 사랑이 깊어지면 씻지 말라고 해도 씻을 거예요.

　왜냐하면 서로 상대방에게 잘해 주고 싶은 마음이 생기기 때문입니다. 형제가 신앙도 사랑도 초보기 때문에 지금은 그렇지만, 점점 더 좋아질 수 있습니다. 저도 대학 때는 씻기를 싫어했는데 깔끔한 아내와 살면서 지금은 목욕도 잘하고 잘 씻습니다. 물론 아직도 어려워요. 그러나 잘하고 있습니다. 그러니까 이런 문제는 얼마든지 좋아질 수 있습니다.

"결혼하면 당연히 분가해야 한다는 자매"

결혼 과정에서, 분가를 하느냐 하는 문제로 자매와 의견이 다릅니다. 성경적으로 볼 때는 자식이 그 부모를 떠나 아내와 연합하여 한 몸이 되는 것이 옳다고 생각합니다. 그러나 지금 여러 가지로 사정이 여의치 않아서 고민됩니다. 여자친구는 당연 분가를 하자는 쪽입니다. 이것 때문에 본의 아니게 말다툼을 하기도 합니다. 분가 문제, 무엇을 우선으로 생각해서 결정해야 할까요?

ANSWER

얼마든지 타협할 수 있습니다. 부모를 떠난다는 말은 육체적인 환경으로 떠난다는 의미도 있지만, 더 중요한 것은 마음으로 떠나야 한다는 것입니다. 마음으로 독립하자는 것이죠. 부모에게 의존하지 말고 마음으로 독립하여 남편과 아내 사이에 부모가 끼지 않도록 하라는 것입니다.

남편과 아내는 가장 밀접한 관계이고 가장 사랑스러운 관계이기 때문에 두 사람 사이에 부모가 끼지 않도록 하는 것이, 성경에서 말하는 부모를 떠난다는 의미지 물리적으로 꼭 부모를 떠나야 한다는 것은 아닙니다.

부모와 같이 살면서도 얼마든지 잘살 수 있습니다. 저도 부모님을 8년 간 모셨기 때문에 잘 알고 있습니다. 그렇지만 아내가 감당할 수 없다고 한다면 둘이 타협을 하십시오. 몇 년 혹은 6개월 동안 같이 살고 분가를 하자 한다든지, 서로 충분히 대화해서 합의를 해야 합니다. 만약 여자친구가 분가를 하지 않으면 결혼을 하지 않겠다고 주장한다면, 그 여자 분이 미성숙한 것이므로 결혼을 고려해 봐야 합니다.

진정한 성숙함이란 부모를 공경하는 것입니다. 아내는 남편의 부모를, 남편은 아내의 부모를 공경하는 것은 당연한 것입니다. 진솔한 대화를 통해 서로가 받아들일 수 있는 타협점을 찾으십시오.

QUESTION

외모를 따지는 것이 정말 나쁜가요?

외모를 따지는 것이 왜 지탄을 받아야 하는지 궁금합니다.

성경에서도 남자들이 외모를 따진 부분을 자주 발견할 수 있습니다. 아브라함은 사라가 너무 예뻐서 자신이 목숨을 잃을까 걱정하여 누이라고 거짓말을 했고, 그 아들 이삭도 리브가를 보고 바로 결혼을 승낙하죠. 그리고 이삭의 아들 야곱이 라헬을 왜 더 원했을까요? 성격이 좋아서 그랬을까요? 라헬이 레아보다 더 예뻤기 때문이죠. 성경에서 못생긴 사람을 믿음으로 기꺼이 아내로 맞았다는 구절은 없는 것 같습니다. 제가 잘못된 생각을 갖고 있는 건가요?

ANSWER

형제의 생각이 틀리지는 않습니다. 남자들은 외모를 봅니다. 하나님은 중심을 보시지만, 남자들은 중심을 못 보고 외모만 보는 경향이 있습니다.

그런데 한번 생각해 보십시오. 그 외모는 몇 년이 지나면 모든 여자가 거의 평준화가 이뤄집니다. 자꾸 변하기 때문이죠. 그러므로 외모만 보고 결혼한다면 곧 실망할 것입니다. 많은 유명 연예인들이 결혼하고 얼마 후에 곧 이혼하지요. 그 이유는 무엇입니까? 외모가 미워서입니까? 아니지요. 외모는 좋아요. 그러나 외모보다 중요한 것은 그 사람의 중심입니다. 중심의 아름다움. 내면의 아름다움. 이것이 외모보다 더 중요합니다. 그런데 남자들은 내면을 보지 못합니다. 그래서 야곱도 라헬만 좋아했고, 라헬이 낳은 요셉만 좋아해서 가정 분란이 얼마나 심했습니까? 한 가정의 어려움을 보지 않았습니까? 아브라함도 사라가 너무 예뻐서 거짓말을 하고 그로 인해 많은 어려움을 겪었잖습니까?

따라서 우리 남자들은 더 큰 지혜를 가지고 외모보다 내면을 볼 수 있어야 하겠습니다. 아름다움이란 내면의 미(inner beauty), 외면의 미(outer beauty) 그리고 전인격적인 미(total beauty)를 말합니다. 형제는 미를 볼 수 있는 고상한 눈을 갖기를 바랍니다. 외모를 본다는 것이 지탄받을 일은 아닙니다. 저도 제 아내가 예뻐서 좋아했습니다. 그러나 외모가 전부는 아니었습니다. 이제 외모가 아름다움의 모든 것이 아니라 일부분일 뿐이라는 것을 아신다면, 좀 더 깊고 진정한 의미의 아름다움을 추구하는 안목을 기르시길 바랍니다.

한참 좋아할 때는 몰랐는데, 형제가 늘 같은 옷만 입고 나옵니다. 경제적인 여유가 없는 것도 아닌데, 여간 신경이 쓰이는 게 아니에요. 저를 무시하거나 신경 쓰지 않는 듯한 느낌입니다.

ANSWER

예, 자매의 입장에서 볼 때는 한심하게 느껴질 수 있습니다. 대개 형제들이 이렇게 부족합니다. 그러나 결혼을 하면 아내가 옷을 챙겨 줍니다. 외모나 옷에 관심을 못 쓰는 형제는 아내가 조금만 도와주면 아주 멋있는 남편이 되니까, 이런 형제를 만난 것을 오히려 즐겁게 생각해 보세요. 아내가 자신의 취향대로 남편을 만들어 가는 기쁨을 누릴 수 있지 않습니까? 얼마든지 좋아질 수 있으므로 계속 좋은 교제하시기 바랍니다.

수련회나 기도회에서, 서로 손을 잡고 기도를 하거나 안아 주는 일들이 오히려 자매들을 긴장하게 해서 기도나 예배에 방해가 되는 것 같아요. 지양해야 되는 것 아닐까요?

ANSWER

이것은 상황에 따라서 차이가 있습니다. 미국과 같은 문화권에서는 서로 손 잡고 안아 주는 것이 자연스러워서, 긴장을 일으킨다거나 성적 흥분을 일으키는 일이 없습니다. 그러나 우리의 문화는 스킨십이 굉장히 어색합니다. 서로 안아 주거나 손을 잡는 것이 어색하고 긴장이 되어 성적 흥분을 일으키기도 합니다.

이런 경우엔 서로 조심해야 합니다. 상대방이 긴장하고 불편해하지 않는지를 살펴 예배나 기도에 방해가 되지 않도록 배려해야 하겠습니다. 물론 개인별로 다 다릅니다. 어떤 분들은 어렸을 때부터 부모님이 많이 안아 주셔서 거기에 익숙해서 긴장하지 않는데, 어렸을 때 다정한 스킨십을 경험하지 못한 분들은 많이 긴장하거든요. 결국 이것은 한마디로 결론을 내리기가 어려우며, 경우에 따라 서로 배려하는 것이 가장 좋겠습니다.

QUESTION

교제를 할 때, 제 자신의 배경에 대해 얼마나 솔직해야 하나요? 가정환경, 이성, 직업, 신분을 지나치게 공개했을 때, 혹 상대방이 저를 편견의 눈으로 볼 수도 있지 않을까요?

ANSWER

이런 얘기들을 처음부터 한다는 것은 어렵겠지만, 어느 정도 사랑이 깊어지면 자신의 아픔, 가정환경에 대해 말해야 합니다. 그래야 서로의 아픈 부분을 이해하고 기도해 주고 치유해 줄 수 있습니다.

데이트를 하면서 서로 마음 깊은 곳의 이야기를 나누고 성장하는 것은 가장 바람직한 관계의 모습입니다. 교제를 시작하는 처음에 이런 이야기를 꺼내는 것은 지혜롭지 않지만 사랑이 깊어지면서 상대방을 배려하는 마음이 많아질 때는 이런 얘기를 하면서 상대의 약점이나 상처를 치유하는 것이 둘 간의 관계를 더 돈독하게 하는 데 많은 도움이 됩니다.

　수위는 두 분의 사랑의 상태나 성장의 정도에 따라 조절해서 결정하면 되겠지요. 두 분의 사랑이 깊어지고 서로 성장할 수 있기를 바랍니다.

사람을 볼 때 현재보다 가능성을 보는 것이 더 중요하다고 합니다. 하지만 그 가능성을 어떻게 알 수 있나요?

매우 중요한 질문입니다. 그런 눈을 가지려면 많이 교제하고 대화를 해 보면 알 수 있습니다. 예를 들면 서로 큐티를 하고 나눠보거나, 책을 읽고 생각을 토론하거나, 모임에 참석하여 그 모임에 대해 비판해 본다거나 하는 여러 가지 방법으로 상대를 알 수 있습니다.

또 그 사람과 비전을 나눠 보세요. 밥이나 잘 먹고 좋은 차에 좋은 아파트에서 사는 것이 꿈이라면 이 사람은 가능성이 없는 것입니다. 그러나 '어떻게 하면 하나님을 기쁘시게 할까, 어떻게 하면 복음을 더 전할까, 더 성장하고 더 공부할 수 있을까' 하

는 생각을 가진 사람이라면 현재의 모습이 초라하더라도 가능성
이 있는 사람입니다. 이렇게 대화를 해 보면 그 사람의 가능성을
알 수 있습니다.

Chapter **5**

가정환경

지금 현재도 수천만 원의 빚이 있다고 합니다.
솔직히 저는 결혼해서 형제 부모의 빚까지 갚으며 살아갈 자신이
없는데요. 이런 형제와 결혼해도 될까요?

QUESTION

"빚 때문에 결혼을 미루어왔다고 합니다"

결혼을 5년 동안이나 미루어 왔던 이유가 엄청난 빚 때문이라는 말을 듣는 순간 어찌해야 할지를 모르겠어요. 기도를 드릴 때마다 답답하고 한숨만 나와요. 결혼은 현실인데 처음부터 그 엄청난 빚을 안고 시작해야 하다니 정말 엄두가 나질 않습니다. 돈 때문에 헤어진다는 것은 신앙인으로서 너무 가혹한가요?

ANSWER

신앙을 가지고 사는 것이 중요합니다만 결혼은 현실입니다. 시작 전부터 엄청난 빚이 있다면 결혼생활에 어려움을 겪을 가능성이 높습니다. 결혼한 이후에 빚 때문에 서로 싸우고 괴로워한다면 그것도 바람직한 일은 아닙니다.

돈 때문에 헤어진다기보다는 빚을 해결하기 전까지 결혼을 연기하는 것이 옳겠습니다. 왜냐하면 결국엔 빚이 두 사람을 아프게 하고 나중엔 부모님에게까지도 부담을 주기 때문입니다. 약간의 빚은 문제가 되지 않을 수도 있지만 엄청난 빚, 갚기 힘든 빚이라면 결혼을 하지 않는 것이 좋습니다. 이것 때문에 신앙까지도 무너지고 두 사람이 너무 고통스러울 것입니다.

　그러나 어느 한 쪽에 그 빚을 갚아 줄 수 있는 능력이 있다면 문제는 달라집니다. 그 빚을 갚아줄 만큼 사랑한다면 결혼해도 됩니다. 하지만 일단은 왜 그렇게 빚을 많이 졌는지 알아보는 것이 중요하겠습니다. 도박을 했다거나 신용카드를 남용하고 있다면 이런 사람과의 결혼은 피하는 것이 좋습니다.

QUESTION

"낭비벽이 심한 예비 시댁 식구들"

결혼을 전제로 교제 중인 사람이 있습니다. 그런데 형제의 부모님이 낭비벽이 심해서 형제가 빚을 갚느라 힘들어하고 있어요. 지금 현재도 수천만 원의 빚이 있다고 합니다.

솔직히 저는 결혼해서 형제 부모의 빚까지 갚으며 살아갈 자신이 없는데요. 이런 형제와 결혼해도 될까요?

ANSWER

위험합니다. 형제의 부모는 끊임없이 형제에게 의지할 것이고 자매는 빚을 갚기 위해 평생을 고통 받을지도 모릅니다. 이것 때문에 부부관계 역시 고통 속에 있을 것입니다.

이런 문제가 처리되고 난 뒤에 결혼하는 것이 좋으며, 부모의 낭비벽으로 생긴 빚을 껴안고 평생을 원망하면서 괴로워하며 사는 것은 옳은 결혼이 아니라고 생각합니다.

QUESTION

"프러포즈를 받아도 전혀 기쁘지가 않아요"

1년 정도 교제하던 형제에게서 프러포즈를 받았습니다. 신앙, 성품에서 우리는 서로의 이상형이었기에 교제 중에는 정말 아무런 문제가 없었습니다. 그런데 형제가 프러포즈를 하던 날, 처음에는 고생이 되겠지만 자신을 믿고 따라와 주기 바란다며 가정 형편에 대해서 자세히 얘기를 했습니다. 그동안은 부모님이 많이 연로하셔서 빨리 결혼하기를 원하신다는 정도만 알고 있었는데, 알고 보니 연로하신 아버님 어머님 모두 거동이 불편할 정도의 투병 생활을 하고 계셨습니다. 그로 인해 집에 빚도 있고요. 왜 그런 이야기를 이제야 하는 건지… 프러포즈를 받아도 전혀 기쁘지가 않습니다. 형제를 사랑하지만 이 모든 것을 알고 나니 결혼이 망설여집니다. 사랑은 모든 것을 덮고 용납해야 한다지만, 이건 정말 아니라는 생각도 들고요. 제가 너무 이기적인가요?

우리.. 사랑할까요? Q&A

ANSWER

그 마음 충분히 이해가 됩니다. 부모님 두 분 다 몸이 불편하신데다 빚도 있고 물론 고민이 될 수 있습니다. 사실 어려운 경우입니다. 그러나 부모님에게 도박이나 낭비벽 같은 다른 문제가 있는 게 아니라 아파서 그런 거라면 이것은 자매가 도와줘야 할 문제지 결혼을 망설일 만한 이유는 못 된다고 봅니다.

결혼해서도 많은 가정의 부모님이 병을 얻으시는 경우가 많습니다. 이 세상에 완벽한 가정은 없습니다. 결혼할 수 있습니다. 형제를 사랑하면 형제의 짐을 같이 져 주고 또 연로하신 부모님이 여생을 기쁘게 보내도록 도와드리는 것이 바르고 성숙한 자세입니다. 마음을 넓게 가지시고 형제를 사랑한다면 형제의 짐을 같이 나눠서 그 문제를 이겨 나가는 것이 형제를 위해선 축복이요 자매에겐 하나님의 축복을 받을 통로가 아니겠습니까? 형제가 자매를 진정으로 사랑하고 부모님을 사랑한다면 그리고 앞으로 더 성장하고 전진할 가능성이 있는 사람이라면 결혼하십시오.

QUESTION

"이혼 가정에서 자란 형제와 결혼해도 될까요?"

이혼 가정이지만 믿음으로 잘 교육 받은 형제를 알고 있습니다. 지금은 믿지 않으시는 친어머니와 살면서 혼자 신앙생활 하고 있는데요. 막상 결혼을 생각하니 그의 가정환경이 마음에 걸립니다. 사실을 아시면 저희 부모님께서는 반대하실 것이 뻔하기 때문입니다. 저 역시 고정관념 때문인지 어느 정도는 꺼려지는 게 사실이고요. 저의 생각이 잘못된 건가요?

ANSWER

올바른 가정에서 살아온 형제를 만나는 것은 더없는 축복입니다. 그러나 부모님이 이혼한 가정이라고 해서 형제가 뭔가 부족한 사람일 것이라고 생각하는 것은 편견에 지나지 않습니다. 많은 아픔을 가진 가운데서도 훌륭하게 자란 아들들이 많습니다. 오히려 그런 가정에서 지도자가 나오는 경우도 많습니다.

문제는 형제의 현재가 중요합니다. 이혼 가정에서 상처받고 아버지와 어머니를 미워하면서 자라 지금까지도 상처 속에서 살고 있다면 그 형제와 결혼하기는 힘들겠습니다. 그러나 형제가 그런 환경을 잘 이겨내고 신앙생활을 하면서 어머니를 위해 기도하고 자기 일을 잘 이끌어가고 있다면 이 형제와 결혼해도 무난할 것입니다. 자매가 같이 어머님을 설득하여 믿음생활을 할 수 있도록 도와주십시오. 그리고 형제를 진정으로 사랑하고 형제가 성장할 가능성이 있다고 판단되면 결혼해도 좋겠습니다.

QUESTION

"자매의 불우한 가정환경이 너무 부담스럽습니다"

결혼을 전제로 4살 연하인 자매와 교제를 하고 있습니다.

교제를 하면서 처음엔 몰랐던 자매의 가정환경에 대해서 알게 되었습니다. 아버지는 80세, 어머니는 67세로 연로하시고 오빠가 3명 있습니다. 첫째 오빠는 45세. 사업 실패와 중풍으로 쓰러진 후 지금은 소일 하며 지내고 둘째 오빠는 37세. 야간에 대리운전 하시고 셋째 오빠는 32세. 현재 무직으로 모두 부모님을 모실 형편이 아닙니다. 게다가 친언니 두 명이 있었는데, 첫째 언니는 결혼 1년 만에 심장마비로 사망했고 둘째 언니는 결혼 후 바로 교통사고로 사망했다고 합니다. 불신가정으로, 자매만 열심히 신앙생활을 하면서 살고 있습니다.

처음부터 자매가 저의 이상형은 아니었지만 신앙과 성품을 보고 교제를 했고 결혼까지 생각했습니다. 그러나 막상 자세한 사정을 알고 나니 제 마음에 너무 부담스럽고 이젠 자매의 내면적인 것조차도 매력으로 다가오지 않습니다.

솔직히 교제를 그만두고 싶은데, 제가 잘못하는 것인가요?

ANSWER

형제의 마음을 충분히 이해합니다. 참으로 어려운 가정이군요. 그렇지만 자매가 신앙으로 바로 서서 이런 상처 속에서도 꿋꿋하게 가정을 이끌어가고 있다면 훌륭한 자매라고 생각됩니다. 물론 이상형은 아닐 수 있습니다. 하지만 형제는 그 집안과 결혼하는 것이 아니라 자매와 결혼하는 것이잖습니까? 자매에 대한 형제의 마음이 더 중요합니다. 진심으로 자매를 사랑하고 자매도 이 어려운 가정을 잘 이끌어 갈 자세만 되어 있다면 좋은 결혼 상대자가 될 수 있습니다.

결혼 후에는 모든 고통과 아픔의 끈을 끊어버리고 새로운 하나님의 가정으로 시작할 수 있습니다. 다만 이것은 형제가 얼마나 성숙한 가에 달려 있습니다. 형제가 성숙하여 그런 자매를 사랑해 주고 많은 아픔도 치유해 주고 자매의 가정도 도와주는, 십자가를 질 수 있다고 생각한다면 결혼해도 좋습니다. 그러나 형제가 그런 상황을 감당하지 못하고 무거운 짐 때문에 도저히 사랑할 수 없다고 생각된다면 결혼해서도 행복할 수 없으므로 결혼하지 않는 것이 좋겠습니다. 요컨대 먼저 자매와 형제의 마음의 자세가 같은지 어떤지를 잘 판단해서 서로 감당할 수 있다면 결혼하고 그렇지 않다면 결혼하지 마십시오.

QUESTION

"형제가 자신에 대해 솔직히 밝히지 않았어요"

불교집안에서 형제만 교회를 다니고 있습니다. 처음에는 키가 저보다 작아서 맘에 안 들었지만 형제의 순수하고(?) 끊임없는 구애에 맘을 열었습니다. 하지만 집안 사정이나 정확한 키를 알았으면 안 만났을 거예요. 처음엔 키도 속이고 생일도 속여서 100% 형제를 믿을 수가 없었죠. 게다가 가업이 망해서 형제가 막내인데도 가장 역할을 하는 것도 맘에 걸리고 군대 안 간 이유도 알고 보니 척추 장애 때문이었습니다. 현재 척추 장애자로 판명을 받았음에도 불구하고 형제는 무엇 하나 제게 솔직히 말해 주지 않았습니다.

저는 형제의 그런 아픔까지 포용할 만한 자매는 아닌 것 같아요. 이제 겨우 좋아지기 시작했는데. 헤어지자고 말하면 형제에게 큰 상처가 될 것 같아 너무 괴롭습니다. 그래도 헤어지고 싶은데, 현명한 처신일까요?

ANSWER

먼저 자매님의 마음이 아직 형제를 받아들일 준비가 안 된 것 같습니다. 이 형제는 많은 장애를 안고 있습니다. 그래서 솔직히 행동하지 않고 자꾸 속이는 것입니다. 자기의 처지를 분명히 얘기하고 당당하게 나갈 수 있는 자세라면 좋을 텐데 아쉽습니다. 그런 장애를 가졌다고 해서 자꾸 속이는 것은 자아상이 매우 좋지 않다는 말입니다. 이런 형제와 결혼하는 것은 좋지 않습니다. 더군다나 자매가 그런 형제를 받아 줄 마음의 상태도 아닌 것 같군요.

그렇다면 인간적으로 좋아지기 시작했다고 해서 동정하듯 결혼까지 이른다는 것은 위험한 일입니다. 결혼을 하는 것이 문제가 아니라 결혼해서 잘사는 것이 문제이기 때문입니다. 이런 상태에서 결혼하는 것은 좋지 않습니다.

좀 더 성숙해지시고, 다른 형제들도 만나보십시오. 그런 다음 결혼을 결정해도 늦지 않습니다. 지금과 같이 서로가 미성숙한 상태에서는 결혼하지 않는 것이 좋습니다.

QUESTION

모든 조건이 완벽한 그 친구에게 최우선순위는 부모님입니다. 이제 최우선순위는 배우자가 될 제가 되어야 하는 것 아닌가요?

ANSWER

맞습니다. 최우선순위는 배우자가 되어야 합니다. 그런데 형제는 지금까지 부모님 밑에서 자라왔고 부모님에게는 형제가 최우선순위였을 것입니다. 그러니 아직은 형제에게도 부모님이 최우선일 수밖에 없습니다.

그러나 이제 결혼을 하면, 형제는 부모를 떠나 아내와 연합하여 둘이 한 몸을 이룰지라는 창세기 2장의 말씀을 생각하셔야 합니다. 형제에게 성경적인 결혼관과 부모님에 대한 생각을 가르쳐 주십시오. 그리고 이런 작업은 결혼하기 전에 이뤄져야겠습니다. 만약 결혼한 뒤에도 나보다 부모님이 먼저라고, 부모님

중심으로 산다면 행복한 결혼생활을 할 수 없습니다. 또한 비성
경적이기도 합니다.

　결혼 전에 이 문제를 놓고 심각하게 대화하십시오. 형제를 낳
아 주신 부모님을 사랑하고 존경하는 것은 당연하지요. 그러나
부모님이 형제와 자매 사이에 끼어 있는 것은 올바른 관계가 아
닙니다. 이 문제는 교역자와도 상담하셔서 반드시 해결한 다음
에 결혼하는 것이 좋겠습니다.

Chapter 6
주위의 반대

지금은 몰래 만나고 있는데 이 사람과 헤어지고 부모님이
원하시는 사람이 생길 때까지 기다려야 하나요?

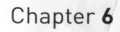

QUESTION

"부모님 몰래 만나고 있어요"

양가 부모님께서 아시는 사이라서 적극 찬성하실 줄 알았는데 의외로 반대를 하십니다. 형제의 아버지가 목회를 하시고, 형제가 능력이 없어서 결혼하면 고생한다가 이유입니다. 부모님의 허락 없이 결혼하고 싶지 않기에 지금까지 기다렸지만 저희 엄마는 아예 그 사람을 만나려고 하지도 않으세요. 지금은 몰래 만나고 있는데 이 사람과 헤어지고 부모님이 원하시는 사람이 생길 때까지 기다려야 하나요?

ANSWER

양가 부모님께서 아시는 사이인데도 목회자의 집안에 시집가서 고생할까 봐 결혼을 반대한다면, 이것은 자매의 부모님께서 잘못 생각하고 계신 것입니다. 물론 부모님은 딸이 부자로 잘살기를 원하시겠지요. 그러나 '부' 라는 것은 왔다 갔다 하는 것입니다. 살다 보면 부할 수도 있고 가난할 수도 있습니다.

그 사람의 인격과 신앙이 더 중요합니다. 신앙이 좋아서 하나님께 헌신하고 인격적으로 사랑하고 서로 성숙해 있다면 돈이나 재산은 큰 문제가 되지 않습니다. 왜냐하면 하나님이 지금보다 더 허락하실 수 있기 때문입니다. 특별히 형제의 아버님이 목회를 하시기 때문에 하나님께서 많은 능력과 축복을 주실 것을 믿습니다.

두 분이 행복하게 잘살 수 있다는 확신을 보여 주시면 대부분 부모님들은 설득이 되십니다. 실망하지 마시고 계속해서 부모님을 설득하십시오. 또 형제가 자매의 부모님을 기쁘게 해 드리세요. 선물을 준비해서 부모님을 찾아뵙고 큰 절을 꾸뻑 드리십시오. 자매를 행복하게 해 주고 끝까지 책임지겠다고 설득하면 자식 이기는 부모 없습니다. 결국 결혼할 수 있을 것입니다. 담대하게 계속 밀고 나가십시오. 그러나 부모님과 싸우거나 부모님을 미워하면 안 됩니다. 계속해서 사랑하는 마음으로 설득하시고 결혼하시기 바랍니다.

QUESTION

"깊은 관계를 가졌던 사람과의 결혼을 고민"

임신이 되어 남자친구와 합의하여 수술을 받은 지가 2년이나 지났지만 지금까지도 마음이 무겁고 힘듭니다. 물론 저희는 아직까지 교제를 하고 있고, 서로에 대한 책임감도 큽니다. 그러나 믿지 않는 형제의 부모님께서 결혼을 반대하시고 이를 알게 된 저희 집에서도 굳이 그런 집으로 시집보내지 않겠다고 하셔서 저희는 현재 결혼을 고민하고 있습니다.

아직도 서로를 좋아하고 있기는 한데 부모님들의 뜻을 꺾기가 쉽지 않네요. 그정도 관계였던 사람과 결혼을 안 해도 괜찮은 걸까요?

ANSWER

두 분 문제에서 부모님의 반대보다 더 심각한 것은 임신을 하고 수술을 해 버린 사실입니다. 범죄행위를 한 것입니다. 그래서 지금 두 사람 사이에 더 많은 아픔이 있는 것이죠. 그렇지만 두 사람이 진정으로 하나님께 회개를 한다면 하나님께서는 용서하시고 두 사람을 축복해 주실 것입니다.

그렇다고 임신을 하고 낙태를 한 책임감 때문에 결혼한다면 그것도 옳지 않습니다. 지난 일은 하나님께 용서받으시고 새 출발하시는 것이 맞습니다. 두 사람이 인격적으로 진심으로 서로를 사랑하느냐가 가장 중요하다고 하겠습니다. 사랑으로 지난 일들을 감싸 준다면 부모님이 반대하셔도 설득하실 수 있을 것입니다. 그러므로 사랑하는 깊은 마음을 먼저 확인해야 하겠습니다. 그리고 부모님을 계속 설득하세요. 이전엔 잘못한 일도 많았지만 지금부터는 잘살겠다는 확신을 보여 주시면 부모님께서도 허락해 주실 것입니다.

어떻게 하는 것이 좋은지 잘 판단하셔서 두 사람이 아름다운 관계를 맺고 결혼하시기를 바랍니다.

주위의 반대 145

QUESTION

"도저히 부모님의 기대를 저버릴 수가 없어요"

같은 교회를 섬기는 자매와, 부모님께는 말씀드리지 않은 채 1년 반을 교제해 왔습니다. 이유는 집에서 자매를 부족하게 생각할 게 뻔하기 때문입니다. 제가 강남 8학군 출신이며, 형은 미국에서 성악을 공부하고 있고, 아버지는 교회의 수석장로요 대학의 이사직을 맡고 계십니다. 어머니는 같은 교회의 권사시구요. 몇 해 전, 집안의 기대를 한 몸에 받았던 형이 11년 연상에 애까지 있는 이혼녀와 반대를 무릅쓰고 결혼을 하는 바람에 그 충격으로 어머니는 자살 충동까지 느낀다고 늘 제게 말씀하십니다. 저희 어머님이 원하는 며느리상은 강남 출신에 키도 크고 부모님의 직업도 좋고 얼굴에 빈티가 보여서는 안 된다는 것입니다. 제가 교제하는 자매의 고향은 경상도고 아버지께서는 목사님입니다. 현재 자매하고는 결혼까지 약속한 상태입니다. 그러나 부모님을 생각하면 이 결혼을 진행시킬 자신이 없습니다.

ANSWER

부모님께서 교회의 장로요 권사이면서 이런 세속적인 생각을 하고 있다는 것이 참으로 한심할 뿐입니다. 전적으로 부모님의 생각이 잘못되었습니다. 하나님 중심으로 생각하지 않고 목사님의 딸인 아름다운 자매를 그렇게 함부로 생각하고 결혼을 반대한다는 것은 부모님의 잘못입니다. 그렇지만 부모님이 큰아들에게서 큰 충격을 받고 마음고생을 하셨기 때문에 정면대결을 하는 것은 위험할 것 같습니다.

부모님과 정면으로 맞서지 마시고 시간을 보내십시오. 그리고 이 문제를 목사님과 상의했으면 합니다. 목사님이 부모님을 설득할 수 있도록 하는 게 좋겠습니다. 대개 부모님들은 목사님의 말씀에 귀를 기울이시거든요. 목사님은 하나님 중심이고 부모님은 세상 중심이므로 더더욱 목사님께 모시고 가십시오. 그러면 부모님도 하나님을 믿는 분들이시기 때문에 결국 하나님 중심으로 생각하시고 생각을 바꾸실 것입니다. 가능하다면 제가 직접 형제의 부모님을 설득하고 상담해 드릴 용의도 있습니다.

형제는 참 훌륭한 형제입니다. 가난한 목사님의 딸을 믿음으로 사랑하고 헌신하기를 원하는 모습이 참으로 훌륭하십니다. 그렇다고 부모님의 잘못된 태도에 무작정 "사탄아 물러가라"고 하는 것은 지혜롭지도 신앙적이지도 않은 태도입니다. 부모님과 직접 대결해서 싸우기보다는 부모님이 존경하는 목사님과 대화해서 그 목사님이 부모님을 설득할 수 있도록 하는 것이 지혜로운 방법입니다. 형제는 인내와 지혜를 가지고 계속 부모님을 설득하시고 자매는 그런 형제를 계속 사랑으로 격려하시면서 아름다운 결혼을 하시기를 축복합니다.

하나님이 주신 배우자라고 생각한 사람인데, 궁합이 안 좋다고 부모님께서 반대하십니다. 어떻게 해야 하나요?

ANSWER

하나님이 중심입니다. 궁합이 중심이 아닙니다. 궁합은 세상의 것이고 사탄의 것입니다. 그러므로 궁합이 중요한 것이 아닙니다. 하나님께서 하시는 일인가? 하나님의 마음에 합한 자인가? 먼저 점검하시는 것이 필요합니다. 두 사람은 부모님이 보신 궁합에 흔들리지 말고 궁합을 이용해 두 분 사이에 끼어든 사탄을 물리치시기 바랍니다. 하나님이 주신 배우자라고 생각하신다면 결혼과 가정에 대해 대화하시고 부모님을 설득하는 자세가 필요합니다. 궁합이 결혼을 막을 수는 없습니다. 하나님이 하십니다. 하나님 중심으로 사시길 바랍니다.

주위의 반대 149

Chapter 7

여자는 왜? 남자는 왜?

이제는 여자친구를 만나는 일까지 피곤하게 느껴집니다.
왜 여자는 남자에게 끊임없는 사랑과 관심을 요구하는 것일까요?
그것도 너무나 당연하다는 듯이.

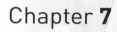

QUESTION

"끊임없이 사랑과 관심을 요구하는 여자친구"

처음으로 여자친구를 사귀고 있습니다. 그런데 저는 자취를 하기 때문에, 퇴근하고 집안일까지 하다 보면 피곤해서 쓰러져 자고 맙니다. 여자친구는 이런 저에게, 자주 전화도 안 하고, 문자도 안 보내 주고, 자기에게 관심이 없다며 투덜댑니다. 그런 일이 반복되니까 이제는 여자친구를 만나는 일까지 피곤하게 느껴집니다. 왜 여자는 남자에게 끊임없는 사랑과 관심을 요구하는 것일까요? 그것도 너무나 당연하다는 듯이.

ANSWER

예, 이것이 바로 여자와 남자의 차이입니다. 남자들은 일 중심이고 여자들은 관계 중심이라서 그렇습니다. 남자들은 열심히 일하고 자매를 섬기면 사랑하는 것이라고 생각하지만 여자들은 일도 중요하지만 대화하고, 관심 받고, 자주 전화해 주고, 문자도 보내 주는 것이 사랑이라고 생각하는 경향이 많습니다.

그렇기 때문에 남자와 여자의 차이점을 배워야 됩니다. 서로의 성향을 배워서 알게 되면 남자는 관계 중심인 여자를 배려할 수 있겠지요. 바쁘고 피곤하겠지만 전화도 해 주고 문자도 보내 줄 수 있겠지요. 전화하는 것이 한 시간 걸리는 것은 아니잖습니까? 진짜 사랑한다면 1분을 하더라도 진심어린 관심을 표현해 줄 수 있을 것입니다. 또 여자는 남자의 성향을 이해하면 그렇게 하기가 힘들다는 것을 받아들일 것입니다. 남자가 관심을 표해 준 것에 대해서도 당연하게 여기지 않고 고마움을 느낄 것입니다. 그리고 이해하면 이해하는 것으로 끝나는 것이 아니라 그 모습 그대로 받아 주는 것이 성경적입니다. 예수님도 우리를 있는 모습 그대로 받으셨으므로 우리도 서로를 그 모습 그대로 받아들여야 하겠습니다.

이젠 두 사람이 그런 문제로 갈등을 일으키지 않도록 하십시오. 서로 배워야 합니다. 모르면 자꾸 오해만 쌓입니다. 상대방의 특징을 알고 배려할 수 있도록 서로 노력합시다.

QUESTION

"당장 결혼할 여건이 못 되니 헤어지자고 합니다"

유학 중에 만난 여자친구가 있는데 지금은 학교 때문에 400 킬로를 떨어져 지내고 있습니다. 그래도 매일 전화통화를 하고 한 달에 한두 번 정도는 꼭 찾아가서 만나고 했습니다.

한 번은 여자친구가 아프다고 해서 갔는데, 졸업할 때까지 기다리는 시간도 너무 힘들고 학생인 저를 무작정 기다리는 게 이제 지쳤다고 말을 하더군요. 한순간 저는 온몸에 힘이 빠져 버렸습니다. 그래서 제가, 먼저 결혼하고 졸업해서 취업을 하겠다고 하니 그건 둘 다 학생 신분이라 부모님이 싫어해서 안 된다고 하고, 당장 학업을 멈추고 직장을 알아보자니 유학까지 와서 너무 무모한 짓이라는 생각이 들고요. 실은 일자리를 알아보았지요. 그러나 유학생에, 학교도 아직 1년이나 남은 저에게 쉽사리 일자리를 주는 곳은 없었습니다.

차라리 성격이 맞지 않다거나 제가 무엇을 포기해야 한다거나 무엇을 바꾸라고 하면 할 수 있겠지만 지금으로선 여자친구를 잡을 방법이 없습니다. 어떻게 해야 할까요?

ANSWER

먼저 두 사람이 진정으로 사랑하고 있는지, 여자친구가 남자친구를 진실로 사랑하고 있는지 알고 싶습니다. 진정으로 사랑한다면 어떤 어려움도 이겨낼 수 있는 것입니다. 그렇지 않다면 자꾸 계산하게 됩니다. 두 사람 간에 진정한 사랑이 있는가를 살펴보시고 그 사람의 사랑이 진실하지 않다고 생각된다면 결혼 문제는 고려해 봐야 합니다.

진실로 사랑한다면 이런 문제는 얼마든지 기다릴 수 있을 것이고 상대방을 배려할 수도 있습니다. 그러므로 이 경우는 우선 두 사람이 진정으로 사랑하고 서로 섬기고 있는가를 살펴야 하겠습니다. 만약에 두 사람이 서로 진정으로 사랑하지도 않으면서 서로의 이익을 위해 상대방을 이용하고 있다면 두 사람은 아직 결혼할 때가 아닌 것입니다.

두 사람이 서로 진정으로 사랑하는가? 서로 배려하는가? 상대방을 위해 헌신할 수 있는가? 헌신할 준비가 되었을 때가 하나님이 결혼을 허락하시는 때임을 명심하십시오.

QUESTION

"제 과거를 알고 나자 180도 돌변했어요"

중 고등학교 때 교회에서 만난 오빠와 성 접촉을 한 죄책감 때문에 헤어졌던 경험이 있습니다. 그 뒤 대학에서 순진하고 착한 오빠를 만나 잘지내왔는데, 우연히 제가 전에 사귄 사람과 스킨십이 있었음을 알고부터는 오빠가 저를 마치 창녀 취급을 하면서 계속 추궁하는 겁니다. 다른 건 다 용서해도 성관계만큼은 용서가 안 된다고요. 참다 못한 제가 헤어지자고 말했더니, "깨끗하고 진실하다면 네가 어떻게 헤어지자는 말을 할 수가 있냐"며 오히려 저를 비난하는 것입니다. 자기는 제가 진실하면 절대 헤어질 생각이 없다는 거예요. 저로선 오빠의 그런 반응이 이해가 안 됩니다. 그렇게 좋았던 감정이 여자가 성 접촉이 있었다는 사실 하나에 180도 돌변할 수 있는 건지. 적어도 하나님께 치유 받은 사람을 누가 더럽다고 할 수 있는지. 헤어지는 것도 쉽지가 않지만 돌변한 오빠의 반응 때문에 더 괴롭습니다.

ANSWER

어리고 순진할 때 성 접촉을 하게 되어 마음에 상처가 있군요. 이 문제로 고통을 겪고 있는 것이죠. 그런데 이 일을 순진한 형제에게 얘기한 것이 잘못입니다. 이미 자매는 그 문제에 대해 깨끗하지 않습니까? 주님께서 용서하셔서 더 이상 양심의 가책도 없고 깨끗해졌는데 굳이 형제에게 그런 얘기를 할 필요는 없는 것입니다.

순진한 형제가 이런 얘기를 들었을 때는 어떤 반응을 보일지 상상할 수 있지 않습니까? 형제는 자신은 성적 접촉이 없이 깨끗한데 자매가 그런 일이 있었다고 하니, 속된 말로 뒤집어진 겁니다. 화가 나서 도저히 받아들일 수 없는 것입니다. 이런 경우 형제가 자매를 전혀 받아들이지 못하고 있기 때문에 결혼하는 것은 어렵겠습니다. 혹 형제가 '과거는 주님 앞에 용서 받았으므로 다 잊어버리고 다시 시작하자. 나도 육체적으로는 깨끗하지만 마음으로는 많은 음욕을 품어 순결하지 않다'고 고백하면서 새 출발한다면 결혼할 수 있겠지만, 이 문제로 계속 고통스러워하고 자매를 추궁한다면 결혼을 해도 평생토록 고생만 할 것이 뻔합니다. 걸림돌이 되고 올무가 되어 평생을 핍박받을 것입니다. 이렇다면 결혼하지 않는 것이 낫습니다.

그리고 앞으로 누구와 교제를 하더라도 과거에 있었던 일들을 다 고백할 필요는 없습니다. 예전의 성경험에 대한 고백을 들으면 기분 좋을 남자는 없기 때문입니다. 물론 형제 자신도 많은 경험이 있어서 괜찮다고 넘어 갈 수도 있겠지요. 그러나 순진하고 순결한 형제들은 자매의 과거 때문에 많은 아픔을 느끼고 대부분은 그 사실을 잊지 못하고 용서하지도 못합니다. 하나님께서는 다 용서하셨고 기억지도 아니하겠다고 말씀하셨으므로 더 이상 고백하지 않으셔도 됩니다. 앞으로 참고하시길 바랍니다.

QUESTION

지금까지 남자와 여자의 차이에 대해서 말씀하셨는데
요. 장로님은 남자 그리고 여자를 한마디로 어떻게 규정
하십니까?

ANSWER

남자와 여자는 많은 차이가 있습니다. 첫째 육체적으로 차이
가 있고 대화하는 법도 다릅니다. 남자는 결론과 요점을 중요하
게 생각해서 언제나 해결책을 내려고 하는 반면에, 여자들은 과
정을 중요하게 생각합니다. 즉 같이 이야기 하면서 서로 공감을
느끼기를 원하죠.

또한 남자들은 존경받는 것을 좋아하고, 인정해 주는 것을 좋
아합니다. 여자들은 사랑받고 보호받고 싶어 합니다. 성 문제에
서도 남자는 금방 성욕이 생겼다가 사라지는데 여자는 천천히
생기고 천천히 사라집니다. 이 외에도 가족환경과 사연에 따라

서도 많은 차이가 있습니다. 이런 차이를 서로 배우면서 서로를 이해하고 받아들이는 것이 중요하지 다르다고 싸우고 갈등하는 것은 바람직하지 않습니다.

Chapter 8
이별 후유증

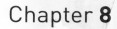

첫사랑에 실패한 후부터는 교제를 해도 오래 가지가 않습니다.
한 사람과 꾸준히 교제할 수 있는 방법은 없을까요?

첫사랑에 실패한 후부터는 교제를 해도 오래가지가 않습니다. 한 사람과 꾸준히 교제할 수 있는 방법은 없을까요?

첫사랑에 실패한 것 때문에 마음에 많은 상처가 남아 있는 것 같습니다. 처음으로 사랑했던 사람에게 버림받았다는 느낌, 자신의 사랑이 거절당한 것 같은 마음, 이런 여러 가지 두려움이 아직 마음 한 구석에 남아 있습니다.

한번 내적치유를 받아보실 것을 권해 드립니다. 마음에 참자유를 얻고 평강을 얻어 자신감을 회복하십시오. 그간 응어리졌던 상처들이 깨끗하게 치유되고 나면 어떤 사람을 만나도 두려움 없이 자연스럽게 만남을 진행시킬 수 있을 것입니다.

하나님께서는 모든 것을 치유하십니다. 또 하나님은 평강과

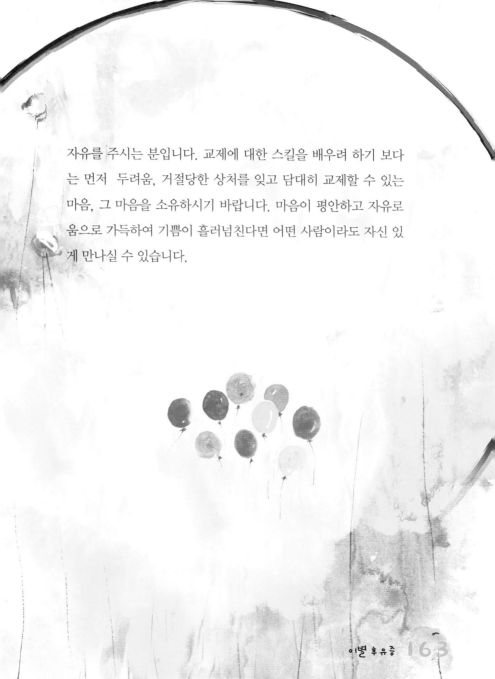

자유를 주시는 분입니다. 교제에 대한 스킬을 배우려 하기 보다
는 먼저 두려움, 거절당한 상처를 잊고 담대히 교제할 수 있는
마음, 그 마음을 소유하시기 바랍니다. 마음이 평안하고 자유로
움으로 가득하여 기쁨이 흘러넘친다면 어떤 사람이라도 자신 있
게 만나실 수 있습니다.

QUESTION

지혜롭게 헤어지는 방법을 가르쳐 주세요.

ANSWER

헤어지는 것도 아름다운 경험이고 축복이 될 수 있습니다. 데이트를 하는 과정에서 비전이 서로 잘 맞는지 알아보고 여러 가지가 맞지 않는다면 헤어지는 것이 바람직하기 때문입니다. 그렇지만 중요한 것은 상대방에게 성적인 범죄를 했다거나 짙은 애무를 통해 상대의 마음을 아프게 했다면 헤어진 뒤에 많은 후유증이 남을 수 있습니다. 그러므로 이성 간에 교제를 하더라도 헤어질 수 있다는 것을 생각해 절대로 성적인 관계를 갖지 않도록 해야 합니다.

그러나 건전한 관계에서 헤어졌다면 더 좋은 사람 만나기를 바란다면서 서로 축복하고 기도하며 헤어질 수 있습니다. 이런 경우는 헤어진 이후에도 좋은 관계로 남을 수 있습니다. 상대방에게 쓴 뿌리를 남기는 말이나 행동은 하지 말고 서로에게 축복의 말을 해 주는 것이 좋습니다.

저도 여섯 번이나 헤어진 경험이 있습니다. 물론 깊은 관계에 들어가지는 않았습니다. 서로 친구로서 좋은 관계로 지내다가 잘 맞지 않다고 생각되면 헤어지는 식으로 했습니다. 이런 헤어짐은 마음에 쓴 뿌리랄지 상처가 남지 않습니다. 성관계가 진행되지 않고 건전하게 데이트했기 때문이죠. 그래서 헤어질 때도 좋은 추억을 간직할 수 있었습니다. 저는 그런 과정을 통해서, 어떻게 하면 상대방을 배려하고 상대의 마음을 살 수 있는지를 배울 수 있었습니다. 그래서 일곱 번째로 제 아내를 만났을 때는 정말 멋있는 데이트를 할 수 있었고 축복의 결혼을 할 수 있었습니다. 헤어지는 순간까지 상대방을 배려하는 마음을 잃지 않는다면 헤어짐도 유익할 것입니다.

헤어진 이성에 대한 상처와 그리움으로 새로운 교제
가 힘듭니다. 어떻게 하죠?

헤어지는 것도 하나님께서 주시는 좋은 기회일 수 있습니다.
하나님께서는 한 쪽 문을 닫으시면 다른 쪽 문을 열어 주십니다.
이런 교제를 통해서 그 사람을 성숙하게 만드시기 때문입니다.
물론 아픔과 상처가 있습니다. 그러나 하나님을 바라보고 "하나
님께서 더 좋은 것을 주시려고 이런 길을 허락하셨구나" 생각한
다면 마음에 평강을 얻을 수 있을 것입니다.

저도 이런 경험이 있습니다. 헤어져서 아파하는 저에게 하나
님께서는 몇 개월 후에 더 좋은 자매를 허락하셨습니다. 그래서
옛날의 아픔을 씻고 아름다운 교제를 하고 결혼까지 할 수 있었

습니다. 지난 일을 생각하며 괴로워하고 힘들어하지 마시고 그 일을 교훈으로 삼으시기 바랍니다. "그때 내가 이런 점을 잘못했 구나. 이렇게 해서 문제가 있었구나" 교훈으로 삼으시고 다음에 는 그와 같은 실수를 하지 않으면 됩니다.

새로운 관계를 가지더라도 주저하지 마십시오. 왜냐하면 하나 님께서 항상 다른 문을 열어 주시기 때문이죠. 그런데 만약 지난 관계에서 성관계를 했다면 상처가 더 오래 갑니다. 그렇기 때문 에 새로운 관계를 가지더라도 다시는 성관계를 하지 않도록 조 심하시고, 혹 했다고 할지라도 회개하시면 우리 주님께서 다 용 서 해 주심을 믿으십시오. 이전의 죄의 것은 잊어버리고 앞에 있 는 푯대를 향해 빌립보서 3장의 말씀대로 담대하게 전진하시길 바랍니다. 새로운 비전을 발견하고 새롭게 교제하십시오.

QUESTION

짝사랑하는 자매 때문에 교회 생활이 힘들어요"

교회 내에서 친하게 지내던 자매에게 이성으로 좋아한다는 고백을 했습니다. 기도를 해 보겠다던 자매는 예전처럼 좋은 친구로 지냈으면 한다고 하는데 제 마음은 도저히 예전으로 돌아가지지 않습니다. 예배 시간에는 찬양과 말씀으로 너무도 은혜롭다가도, 이후에 또 다시 마주칠 상황이 닥치면 자매를 쳐다보기조차 힘이 듭니다. 자매에 대한 감정이 정리되기는커녕 오히려 커질 뿐이라 너무 답답합니다.

전에는 교회에 가는 소망함만으로도 기쁘게 공동체도 섬겼는데 석 달이나 지난 지금은 도무지 다른 일을 할 수가 없습니다. 이런 경우 한 사람이 교회를 나가버리는 경우가 허다하다고 들었는데 저는 교회를 옮기는 것은 불가능할 것 같아요. 그렇다고 계속 다니는 것도 너무 힘들고요. 어떻게 하면 좋을까요?

ANSWER

자매는 아직 감정이 없는데 형제는 감정이 매우 깊은 상태입니다. 이런 경우 첫째 기도하십시오. 하나님께서 진정으로 이 자매를 나의 짝으로 주셨는지 기도하십시오. 두 번째 교회 목사님이나 지도자와 상담하십시오. 자매를 향한 마음, 그간의 일을 얘기하면서 도움을 요청하십시오. 상담을 하면 대개 어느 쪽으로든 결론이 날 것입니다.

이런 상태로 오래 지속된다면 너무 힘이 드니까 자매를 다시 한번 만나야 합니다. 자매가 친구로 지내자는 것은 아직 마음이 없다는 얘기인데 "나는 아직도 마음이 아프고 자매를 생각하면 고통스럽다. 지금도 나를 배우자로 생각해 볼 수는 없는가? 한번 교제해 볼 수 없는가?"하고 얘기해 보십시오. 만약 지도자도 자매가 짝이 아닐지도 모른다거나 자매도 교제를 하고 싶지 않다고 한다면 과감하게 마음을 정리하셔야 합니다. 우리 남자들은요, 결단력이 있어야 합니다. 감정도 중요하지만 선택과 결단도 중요합니다. 다른 교회로 왜 옮깁니까? 옮길 필요가 없습니다. 과감하게 끊고 다른 자매와 교제하십시오. 하나님께서 더 좋은 자매를 주실 것을 믿으시기 바랍니다.

그러나 만약 지도자나 목사님이 자매와 좋은 관계를 격려한다면 목사님에게 그 자매를 설득해 달라고 부탁하시면서 합동작전을 해 보는 것도 좋은 생각입니다. 만날 수 있는 좋은 계기를 마련하는 것도 지혜로운 방법입니다. 좀 더 지혜롭게 접근해 보시길 바랍니다.

Chapter 9

문제는 바로 '나'

솔직히 저한테 무슨 문제가 있는지조차 모르겠습니다.
결혼을 포기해야 할까요?

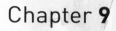

QUESTION

신체도 건강하지 않고 돈도 없고 나이도 많은데 제게 도 짝이 있을까요? 37세의 노총각입니다.

ANSWER

예, 짝이 있습니다. 하나님께서는 모든 사람들에게 맞는 짝을 준비해 놓으셨습니다.

중요한 것은 형제의 자아상입니다. 신체도 건강하지 않고 돈 도 없고 나이도 많다. 그러면 신체를 건강하게 하십시오. 예를 들면 운동도 하시고 규칙적인 생활을 하면서 자기 자신을 가꾸 십시오. 돈이 없는 것. 괜찮습니다. 가리지 말고 조그만 일이라 도 열심히만 하면 조금씩이라도 돈은 모아집니다. 아무것도 없 는 어려운 환경에서도 자수성가한 사람들이 얼마나 많습니까? 그러니까 형제님의 문제는 돈이 없는 것이 아니라 자신감, 건강 한 자아상, 신앙이 없는 것입니다.

37세의 노총각이라고 하셨는데 30대의 노처녀들이 얼마나 많은지 아십니까? 염려하지 마시고 눈을 바로 뜨고 담대하고, 건강하고, 당당한 모습으로 나선다면 수많은 여성들이 형제에게 올 것입니다.

다시 말하지만, 짝이 있느냐 없느냐가 중요한 게 아니라 나 자신이 건강하지 못하고, 정신적으로 신앙적으로 올바로 서 있지 못한 것이 문제입니다. 먼저 나 자신이 훌륭한 배우자감이 되도록 노력하시기 바랍니다. 그러면 건강하고 좋은 자매가 접근해 올 것입니다.

QUESTION

"수십 번이나 선을 봐도 교제가 이루어지지 않아요"

삼십대 중반의 청년입니다. 나이가 나이인지라 선을 많이 봤는데(수십 번) 매번 결과가 좋지 않습니다. 그 중, 몇 번 정도는 애프터가 이루어지기도 했지만 한 번도 교제까지 이루어지지는 못했습니다. 솔직히 저한테 무슨 문제가 있는지조차 모르겠습니다. 결혼을 포기해야 할까요?

ANSWER

결혼을 포기할 필요는 없습니다. 그러나 왜 계속해서 연결이 되지 않는지는 깊이 생각해 봐야 합니다. 내가 매너가 나쁜 건지, 혹 자매들에게 혐오감을 주는 무언가가 있는 건 아닌지 한번 점검을 해 보십시오.

또 말씀드리고 싶은 것은 형제가 어떤 비전을 갖고 있는지. 예컨대 어떻게 예수님을 만났고 헌신했으며, 앞으로는 어떻게 살아야겠는지. 이런 굳건한 신앙의 자세와 삶에 대한 당당함을 자매에게 보여 주셔야 합니다. 그렇게 할 때 자매들은 형제에게 의지하고 싶고 신뢰하는 마음이 생깁니다. 한 번 더 그 형제를 만나고 싶고 형제에게 기대고 싶은 마음이 생기는 것입니다. 많은 자매들이 남자를 싫어하는 가장 큰 원인은 도무지 신뢰할 수 없고 평생을 의지할 만한 태산 같은 중후함과 믿음직스러운 면이 없다는 것입니다.

따라서 좋은 배우자를 바라기보다 먼저 나 자신이 훌륭한 배우자가 되도록 노력해야 하겠습니다.

형제는 자신의 분명한 신앙과 비전과 가치관을 당당히 자매에게 보여 주시고, 그러한 삶을 함께할 수 있는 동역자, 동반자가 필요하다는 것을 말씀하십시오. 그러면 좋은 자매들이 형제에게 올 것입니다. 물론 자신이 말한 대로 살 수 있는 능력도 키워야 하겠습니다. 결혼을 하십시오. 결혼을 포기할 이유는 하나도 없습니다.

QUESTION

32세의 유학생으로 학업이 3년이나 남았고 경제력도 없는데다 여자를 어떻게 대해야 할지 전혀 자신감이 없습니다. 제가 과연 결혼을 할 수 있을까요?

ANSWER

물론 결혼할 수 있습니다. 학업이 3년 정도 남았다면 얼마 남지 않았군요. 3년이면 금방 갑니다. 결혼하려면 학업보다는 경제력이 더 문제인데 그것은 유학생 신분이므로 당연한 일입니다. 유학생이 무슨 경제력이 있겠습니까? 형제에게 없는 부분에 집중하지 마시고, 있는 부분에 집중 하십시오. 지금은 훈련받는 시기고 기초 단계라 돈이 없지만 나에게는 미래를 향한 비전이 있다. 이렇게 말입니다. 너무 염려 마십시오. 형제는 앞으로 돈도 많이 벌 것이고 공부도 곧 끝날 것입니다. 또 아름다운 가장이 될 능력이 있습니다. 자신감을 가지고 담대하게 결혼 상대자를 찾으시기 바랍니다.

QUESTION

결혼 적령기를 넘긴 35세의 자매입니다. 의학적 소견으로 정말 고령 출산은 많이 위험한가요? 지금까지 나이를 의식해서 건강관리에 꽤 신경을 쓴 편이거든요.

ANSWER

30대까지는 문제가 없습니다. 다만 40대 이후의 출산은 몽골리즘이라고 해서 정신박약과 같은 기형이 생길 가능성이 많다는 의학 보고가 있습니다. 그렇기 때문에 가능하면 지금 결혼하시기 바랍니다. 35세 안팎으로 결혼하십시오. 나이가 20대일 때에 결혼하면 더 좋습니다. 25세 정도, 신체가 건강할 때가 가장 좋겠지만, 결혼이 시간을 맞추어 할 수 있는 일이 아니므로 지금도 괜찮습니다. 1,2년 사이에 결혼하시면 좋을 것 같습니다.

QUESTION

교제하는 중에도 다른 이성에게 관심이 가는 것은 잘못된 것인가요? 이것이 만약 바람기라면 저는 결혼 후에도 한 사람만 바라보고 살 자신이 없는데요. 고칠 방법은 없나요?

ANSWER

교제하는 중에도 다른 이성에게 관심이 가는 것은 잘못된 것이 아니라 남자나 여자로서 자연스러운 현상입니다. 왜냐하면 더 좋은 남자가 나타날 수 있고 더 좋은 여자가 나타날 수 있기 때문에 그렇습니다. 그것은 바람기가 아니라 관심이라고 볼 수 있습니다.

그러나 일단 한 사람과 교제가 깊어진 상태라면 더 좋은 남자나 여자가 나타난다 할지라도 그 사람과 친밀해지는 수위를 조절해야 합니다. 이 단계는 더 이상 관심의 문제가 아니라 인격이고 신앙이고 결단력의 문제입니다. 한 사람과 충실하게 교제하다가 만약에 두 사람이 잘 맞지 않아서 서로 합의하여 헤어진다면 그 다음은 더 좋은 상대자를 택할 수 있습니다. 그러나 교제 중에 다른 남자와 여자에게 눈길을 돌리고 비교하는 것은 만나고 있는 상대에 대한 기본 예의가 아닙니다.

그리고 자꾸 이런 일이 생긴다면 그런 사람과는 교제를 끊고 다시 올바른 배우자와 교제를 해 보는 것이 바람직합니다. 누구나 그럴 수 있습니다. 그러나 올바르게 생각하고 절제하는 것은 형제의 결단에 달려 있습니다.

QUESTION

보통 몇 차례의 교제를 거쳐 배우자를 선택하게 되는
데요. 이 사람이 하나님께서 허락하신 사람이라는 것을
어떻게 확신할 수 있나요?

ANSWER

많은 분들이 이런 질문을 합니다. 어떻게 확신할 수 있는가?
그것은 먼저 몇 가지를 점검해 보아야 합니다. 둘이 서로 맞는
가? 대화가 잘 되는가? 신앙이 하나님 중심으로 바로 서 있는
가? 건강한가? 서로의 비전이 맞는가? 이런 식으로 대화를 통해
평생을 같이 할, 인생이라는 순례의 길을 같이 걸어갈 수 있다는
확신이 든다면 좋은 배우자라고 생각하면 됩니다.

또 한 가지 중요한 것은 깊이 말씀을 묵상하면서 기도하시기
바랍니다. 하나님과 친밀해지시면 하나님께서 말씀하실 때 금방
알아들을 수가 있는데 하나님과 친하지 않으면 하나님이 말씀하

셔도 들리지가 않습니다. 그러니까 하나님의 뜻을 알 수 없고 하나님이 허락하신 사람이라고 말씀하시는데도 못 알아듣고, 아니라고 하시는데도 알아듣지를 못하는 것입니다. 이것은 하나님과 친하지 않기 때문에 그렇습니다.

하나님의 뜻을 알기를 원하시면 늘 말씀을 묵상하고 하나님과의 깊은 교제와 기도 속에서 주님의 음성을 듣는 훈련을 하십시오. 하나님의 세미한 음성도 들을 수 있고 하나님의 뜻을 알고 하나님의 뜻대로 살 수 있는 특권이 생길 것입니다. 말씀 묵상과 기도를 통해서 하나님의 음성을 듣는 훈련을 하시길 바랍니다.

QUESTION

"이별의 상처가 있는 형제가 사귀자고 합니다"

성경공부를 같이 하던 형제가 제게 사랑을 고백하면서 교제를 청했습니다. 그런데 그 형제에게는 1년 정도 교제한 자매가 있습니다. 저와는 그 자매와의 갈등을 상담하는 용건으로 개인적인 만남을 몇 번 가졌습니다. 그 자매와는 결국 이별하기로 했나 봅니다. 이별을 한 지 얼마 되지 않은 이 형제와 교제를 시작해도 될까요? 제가 보기에는 아직 마음의 정리도 다 안 된 것 같거든요.

Answer

　데이트를 하면서 서로 맞지 않아 결국 헤어지기로 한 것은 바람직한 자세입니다. 물론 성관계를 안 한 상태여야겠지요. 이렇게 헤어졌지만 그 감정은 오래토록 남아 있는 법입니다. 그러나 영원히 가는 것도 아닙니다. 이별 한 지 얼마 되지 않았어도, 그 자매와의 관계가 완전히 청산되었다면 다시 새로이 교제해도 되겠습니다. 이전의 감정이야 어느 정도는 남아 있겠지만 곧 사라질 것입니다.

　또 자매가 형제의 아픈 마음을 잘 감싸 준다면 더 빨리 치유가 됩니다. 계속 교제를 하시되 형제가 자매와의 관계를 완전히 끊었는지는 꼭 확인하시길 바랍니다. 혹 끊지를 못하고 두 다리를 걸치고 있다면 끊을 때까지 교제를 시작해선 안 됩니다. 감정이 조금 남아 있어도 완전히 끊었다고 한다면 교제를 시작하여 형제를 치유하고 성장할 수 있게 도와주는 것이 아름다운 모습입니다.

여자친구의 성경험 사실을 알고부터는 예배를 드려도 은혜가 안 됩니다. 저는 이 여자친구가 처음인데, 너무 괴롭습니다. 어떻게 극복해야 될지 모르겠습니다.

예, 충분히 이해합니다. 형제는 순결한 형제로 한 번도 성경험이 없는데 여자친구가 성경험이 있다는 사실을 알고부터는 얼마나 괴롭겠습니까? 그런데 우리 모두는 다 하나님 앞에 죄인이라는 사실을 깨달아야 합니다. 나 역시 실제로 다른 사람들과 성관계를 하지 않았다 할지라도 마음속으로 많은 음란한 생각을 하고, 섹스 사이트도 보고 포르노도 보는 등 음욕을 품었고, 결국 하나님 앞에 간음한 간음자라는 것을 깨달아야 합니다.

우리는 모두 하나님 앞에 죄인입니다. 누가 누구를 정죄할 수 없습니다. 혹 여자친구가 성경험을 한 것을 자랑스러워한다거나 회개하지도 않고 그런 일을 대수롭지 않게 생각한다면 관계를 끊으십시오. 그러나 여자친구가 과거의 죄를 진정으로 하나님 앞에 회개하고 지금까지 순결을 지켜오고 있다면 하나님이 자매를 용서하신 것처럼 형제도 자매를 용서하셔야 합니다. 과거는 잊어버리고 자매의 상처를 형제가 감싸 주고 올바르게 성장할 수 있도록 격려해 주는 것이 사랑하는 사람에 대한 바른 태도입니다. 사랑하는 데도 과거 때문에 경멸하고 미워한다면 형제는 진정으로 자매를 사랑하지 않는 것입니다. 그리고 나 자신도 연약한 죄인이라는 것을 깨닫고 하나님의 용서를 받은 자로서 자매를 용서하십시오.

그러나 진정으로 자매를 용서하고도 마음에 아픔이 남고 자꾸 생각이 난다면 여자친구와 결혼하지 않는 것이 좋습니다. 이런 상태로 결혼했다간 평생토록 그 문제로 괴로워할 것이기 때문입니다. 그것이 올무가 되어 두 사람은 불행할 것입니다. 형제가 자매를 예수님의 사랑으로도 용서할 수 없다면 두 사람은 교제를 끊는 것이 좋습니다.

QUESTION

"두 형제에게서 프러포즈를 받았습니다"

한 형제는 집안이 아주 부유하고 성격도 밝고 좋아요. 흠이 있다면 기독교 집안이긴 하지만 교회만 다니는 스타일이구요. 다른 형제는 믿음이나 하나님을 향한 마음이 너무도 아름다운 청년입니다. 하지만 가정형편이 너무 안 좋아서 단칸방에서 네 식구가 함께 생활하거든요. 그리고 부모님들은 교회를 다니지 않으세요. 작정 새벽기도를 7주일이나 했는데도 확신이 안 섭니다. 어떡하죠?

ANSWER

사실은 두 사람 다 배우자로서 좋습니다. 부유한데 교회만 다니는 믿음이 연약한 사람입니다. 그런데 이런 사람도 지금은 부족해 보이지만 믿음의 뿌리가 있기 때문에 아내가 도와주고 격려해 준다면 신앙이 좋아질 수 있습니다. 신앙은 계속 성장하는 것입니다. 지금은 훌륭한 목사님들도 20대 때는 신앙이 좋지 않았던 분들이 많습니다. 그러나 좋은 아내를 만나고 신앙이 좋은 친구들을 만나 신앙이 급성장한 경우가 대부분입니다. 그러니까 이 형제도 교회를 다니고 구원의 확신이 있다면 기독교 집안이므로 좋은 결혼 상대자가 될 수 있습니다.

  또 한 형제는 하나님을 향한 성숙한 믿음을 가지고 있지만 집안이 믿지를 않습니다. 경제적으로도 너무 힘들게 살고 있습니다. 그러나 이 형제도 좋습니다. 두 분이 노력하면 형제의 부모님도 예수를 믿을 수 있습니다. 지금은 가난하지만 둘이 열심히 살면 앞으로 여유롭게 살 수 있고 얼마든지 성장할 수 있습니다.

  두 분이 다 좋은 사람들인데 어떤 사람을 선택해야 할지 목사님과 부모님께도 여쭤 보십시오. 혼자 결정하지 마시고 주위의 객관적인 관점을 참고하십시오. 자매는 이런 두 형제의 프러포즈를 받았다는 것을 기쁘게 생각하셔도 됩니다. 어느 사람을 택하든지 하나님 중심으로 생각하시고 하나님의 인도를 받으십시오.

QUESTION

"결혼할 형제에게 과거 문제로 거짓말을 했어요"

평생을 함께 하고 싶은 형제를 만났습니다. 그런데 교제를 하던 중에 형제가, 예전에 교제했던 사람과 저 사이에 무슨 일이 있었냐고 물어보았어요. 저는 일년 반 정도 교제를 했고 스킨십 정도는 있었다고 말했지요. 현재 저에게는 아무런 의미가 없는 사람이라고 생각했기에, 형제도 솔직한 저를 이해해 줄 것이라고 생각하고 이야기를 했는데 그 사람의 반응은 너무나 달랐습니다. 많이 힘들어하더니 결국엔 헤어지자는 말까지 하더군요. 저는 그 사람을 붙잡고 싶은 마음에 내 의지가 아니라 당한 거라며 거짓말을 했고 그의 구체적이고 집요한 추궁에 거짓말만 늘었어요.

지금은 양가 인사까지 하고 결혼 날을 받아 놓은 상태인데, 제 양심으로는 지금이라도 사실을 말해야 할 것 같아요. 이렇게 힘들어하는 형제에게 사실을 이야기해야 할까요?

ANSWER

사실을 이야기할 필요가 없습니다. 얘기를 한다고 해서 아무런 도움이 되지 않습니다. 성관계를 한 것도 아니고 스킨십 정도니까 이런 일은 요즘엔 많이 있는 일이라고 봐야 합니다. 어느정도 스킨십을 했는지는 모르지만, 이런 일은 하나님께 회개하고 온전히 치유받고 용서받았다는 확신만 있다면, 하나님은 기억도 아니 하신다고 했으므로 더 이상 연연해하지 말고 과거의 일들을 없었던 것처럼 행동하셔도 됩니다. 왜냐하면 하나님도 회개한 잘못을 없었던 일처럼 생각하시기 때문에 나도 없었던 일처럼 행동하는 것은 당연한 것입니다. 그러므로 그런 문제 때문이라면 당당하게, 거짓말이 아니라, 하나님이 용서하셨기 때문에 깨끗하다고 선포하십시오. 그리고 형제에게도 나에게는 아무런 문제가 되지 않으니, 더 이상 문제 삼지 말라고, 앞날을 보자고 설득하시면서 전진하십시오.

하나님 앞에 깨끗한 사람은 아무도 없습니다. 형제가 성적 경험이 없다고 할지라도 마음속으로 음란한 생각을 품은 적이 있을 것입니다. 하나님 앞에 의인은 없나니 한 사람도 없으므로 서로 용서하고 앞을 보고 나가야지 자꾸 과거의 일을 꺼내고 추궁한다면 둘의 관계는 전혀 성장할 가능성이 없습니다. 그러므로 담대하게 나아가시길 바랍니다.

QUESTION

"두 명의 자매를 다 사랑합니다"

신앙이 좋은 자매를 만나 1년간 서로의 부족한 부분과 신앙을 도와주는 좋은 관계로 지내왔습니다. 서로의 앞날을 생각해서 육체적 관계는 갖지 않기로 했는데 문제는 제가 잠시 외국을 나가있을 때 생기고 말았습니다.

외국 생활 동안 모임에서 한 자매를 만났습니다. 대화도 잘 통하고 고민도 나누고 하다 보니 자매가 어려움에 처해 있음을 알게 되었고 중보 기도를 해 주면서 더 가까워졌습니다. 저도 모르게 자매에 대해 이성의 감정을 갖게 되었습니다. 더욱이 이 자매도 저를 이성으로 좋아하고 있음을 알게 되었을 때는 제 마음을 주체할 수가 없었습니다. 그 후 한국에 돌아와서도 자매에 대한 생각이 떠나지가 않고 교제하고 있는 자매를 볼 때마다 너무도 죄스러울 뿐입니다. 그렇다고 교제하는 자매가 싫지는 않은데 그 자매가 자꾸 생각이 납니다. 정확히는 두 자매가 다 사랑스럽습니다. 내가 바람둥이인가 하는 생각에 너무도 부끄럽지만 어떤 선택을 해야 할지 고민입니다.

ANSWER

예, 참 힘들겠습니다. 이해합니다. 우리 남자들은 동시에 두 사람을 적당히 사랑할 수 있는 마음이 있는 것 같습니다. 그러나 이것은 하나님이 기뻐하시는 모습이 아닙니다. 형제가 지금 외국에서 만난 자매에게 일시적인 마음을 갖고 있는 것 같은데 그 자매를 잊어야 됩니다. 두 사람과 결혼할 수는 없기 때문입니다.

둘 중 한 사람을 선택해야 합니다. 물론 많이 망설여집니다. 이걸 택하자니 저것이 아깝고, 저걸 택하자니 이것이 아깝습니다. 이해가 됩니다. 그러나 그렇게 다 가질 수는 없습니다. 사람이 두 주인을 섬길 수 없듯이 과감하게 하나를 포기해야 합니다. 포기해야 한다면 과연 누구를 포기해야 할까요? 외국에서 만난 자매를 포기하는 것이 옳습니다. 한국에 있는 자매는 서로 사랑하고 있고 육체적 관계도 갖지 않는 건전한 관계를 유지하면서, 형제를 기다리고 있기 때문에 그런 자매를 실망시켜서는 안 됩니다.

형제는 과감하게 그 자매를 잊어버리시고 사귀던 자매와 결혼할 것을 선포하십시오. 그리고 더 이상 그 자매에게 연연해하지 마시길 바랍니다. 두 다리를 걸치고 있으면 둘 다 놓칩니다. 한 사람을 잡으십시오. 지금까지 교제해 온 자매가 좋은 자매입니다. 우리 남자들은 다 바람둥이 기질이 있습니다. 그러나 다 바람둥이가 되는 것은 아닙니다. 우리에게는 믿음이 있고 올바른 선택을 할 수 있는 결단력이 있기 때문입니다.

QUESTION

"왜 내가 원하는 사람을 주시지 않을까요?"

28세의 자매로 배우자 기도를 하고 있습니다. 하나님께서 꼭 주시리라 믿고 있는데 데이트도 하고 결혼도 하는 친구들을 보면 마냥 기도만 해서 될까하는 불안한 마음이 들기도 합니다. 제 자신이 그렇게 매력이 없는 건 아니라 이성들도 따르는 편이거든요.

그리고 한 가지 더 특별히 기도하는 것은 제가 지금 가정형편이 힘드니 부유한 형제를 만나게 해달라는 겁니다. 구하기만 하면 주신다는 생각으로. 하지만 제 기도에 정성이 부족한 걸까요? 하나님께선 아직 제가 구하는 배우자를 주지 않으십니다. 혹 이성을 만날 기회가 있어도 원하는 조건의 이상형이 아니면 전혀 마음의 동요가 없으니 전 어떻게 해야 할까요?

ANSWER

자매는 부자와 결혼하고 싶다는 말이군요. 그러나 바로 그 기도 내용이 잘못된 것입니다. 자신의 가정형편이 어려워서 자꾸 부자를 달라고 하는데 부자를 만난다고 해서 그 사람이 영원히 부자일까요? 인생이란 예측할 수 없는 경우가 더 많습니다. 부자였다가도 가난해질 수도 있습니다.

그러므로 부자가 아니라 하나님이 기뻐하시는 형제, 믿음으로 같이 성장하면서 하나님의 일을 할 수 있는 형제, 성실한 형제를 달라고 기도하십시오. 그래야지 하나님께서 주십니다. 지금 기도하는 것은 하나님께 맞지 않는 기도입니다. 정욕으로 쓰려고 잘못 구하는 것은 하나님께서 주지 않는다고 야고보서 4장 3절에서 말씀하고 계십니다.

매력이 있는 자매니까 적극적으로 하나님 중심으로 기도하시고 열심히 찾으시기 바랍니다. 좋은 형제를 만나 올바른 관계를 가지시고 아름다운 결실을 맺으시길 바랍니다.

QUESTION

"감정이 생기지 않는 형제와 결혼해도 될까요?"

노처녀가 되어서야 형제를 만났습니다. 형제는 2주 전에 제게 사랑고백까지 했는데 저는 그 형제를 좋아하는 마음조차 생기지를 않습니다. 고백을 받는 순간에도 정말 아무 느낌이 없더군요. 이성적으로는 좋은 형제라고 생각하고 있고, 외모는 인성과는 무관한 것이니 덮을 수 있다고 해도(대머리거든요) 이상하게 마음이 가질 않아요.

저의 감정을 정당화시키려고 오히려 없는 흠을 찾아보기도 했는데 별다른 흠은 없는 사람이에요. 혹 스킨십이 없어서 그런가 하고 잠깐 생각했지만, 자칫 이성보다 육적인 필요에 이끌리게 되지는 않을까 봐 손 한 번 잡지 않았어요. 여러 모로 그간 제가 기도한 배우자의 상에 가장 근접한 사람이긴 한데 영 남자로서 호감이 느껴지지 않습니다. 그럼 제가 형제를 좋아하지 않는 건가요? 제 짝이 아닌 겁니까?

ANSWER

　　요즘 청년들은 필(feeling)이 통해야 결혼할 수 있다고 생각하는데 사실 그 필이라는 것은 믿을 수 없는 것입니다. 감정이라는 것은 순간적으로 변하기 때문입니다. 하루에도 몇 번을 변하는지 모릅니다. 실제로 필을 믿고 결혼한 사람들이 이내 이혼해 버리는 경우가 허다합니다. 결혼이라는 것은 평생을 위탁하는 것입니다. 이렇게 되려면 서로 결혼에 비전이 있어야 합니다.

　　그런데 이 형제는 대머리인 것 외에는 다른 결점은 없습니다. 그렇다면 자매는 자신이 노처녀라는 점을 감안해야지 어린아이처럼 좋은 것만 따져서는 안 됩니다. 평생을 같이 살 수 있는가? 서로 좋은 마음으로 대화하면서 비전도 알아보고 성격테스트도 하고 마음에 상처가 있는지 내적치유도 해 보십시오. 이렇게 건전한 관계, 건전한 교제를 해야지 어린아이들처럼 필이 통하지 않아서, 호감을 느끼지 못해 망설인다는 것은 미숙한 것입니다. 감정은 변하기 마련이고 만나서 대화를 해 보면 좋은 감정이 생길 수도 있습니다. 그러므로 형제를 계속 만나보시길 바랍니다.

QUESTION

"저는 왜 제대로 된 연애를 못할까요?"

대학원을 다니는 24살의 여학생입니다.

저는 지금까지 한 번도 제대로 이성교제를 해 본 적이 없답니다. 그런데 바로 이 점이 저를 힘들게 해요. 상처가 많은 사람도 아니고, 사랑도 많이 받고 자랐는데.

앞으로도 이성교제를 할 수 없을 것만 같은 불안한 마음이 듭니다. 나는 남자들이 좋아하는 타입이 아닌가? 남자들의 눈에는 내가 매력이 없을까 하는 생각을 하면 우울해져요.

실제로 요즘에는 남자친구가 없는 사람을 한심하게 쳐다보고 무시하는 것 같아요. 제게 무슨 문제가 있는 걸까요? 저도 연애를 할 수 있는 방법이 없을까요?

ANSWER

아직 24살밖에 되지 않았습니다. 자매는 앞으로 많은 일을 할 수 있습니다. 이제부터 결혼을 준비하시면 되겠습니다. 지금 자매가 해야 할 일은 자기 자신을 가꾸는 것입니다.

물론 하나님은 내면을 보시기 때문에 마음이 아름답고 건강해야 합니다. 하지만 우리 남자들은 내면을 잘 보지 못하고 외면을 중요하게 생각합니다. 그러니까 여자와 결혼할 것이 아니라면, 남자들에게 매력이 있는 여자가 되어야 합니다.

이것은 누구를 속이라는 것이 아니라, 화장도 하고 헤어스타일, 옷맵시를 가꿀 줄 알아야 한다는 말입니다. 내면뿐 아니라 외면의 아름다움, 전인격적인 아름다움(total beauty)을 가질 수 있는 여자가 되라는 이야기입니다.

그런 다음 실질적으로 대학부나 청년부, 그 외 크리스천 청년들의 모임에도 적극적으로 참석하셔서 섬기시면, 남자들이 막 뛰기 시작합니다. 많은 남자들이 좇아오면 그때는 남자들이 너무 많아서 걱정일 것입니다. 24살이니까 한창 때입니다. 열심히 자기를 가꾸시고 남자와 대화를 해서 믿음의 사람, 지혜로운 사람, 건강한 사람, 하나님을 사랑하는 사람을 골라 행복한 결혼을 하시길 바랍니다.

QUESTION

"형제에게 지혜롭게 접근하는 방법을 가르쳐 주세요"

같은 공동체 내에서 리더로 섬기는 오빠를 좋아하고 있습니다. 오빠의 마음은 아직 모르지만, 좀 더 친해지고 싶고 가까이 다가가고 싶은데 좋아하는 티가 날까 봐 잘 다가가지 못하겠어요. 오빠도 한 조에서 특정인과 쉽게 교제하려 할 것 같지도 않고요. 기도하면서 평안한 마음을 가져 보려고 해도 자꾸 잡생각만 납니다. 공동체 내에서의 교제라 너무 조심스러운데 지혜롭게 교제할 수 있는 노하우를 알고 싶어요.

ANSWER

첫째 기도하십시오. 형제를 위해 기도하시고. 두 번째로 공동체의 목사님이나 지도자를 만나 뵙고 자신의 마음을 고백하시기 바랍니다. 형제를 위해 기도하고 있다고 말씀하시고 사랑하는 마음이 생기는데 도움이 필요하다고 말씀하십시오. 이렇게 도움을 받을 필요가 있습니다.

또 한 가지는 형제에게 예쁘게 보이도록 노력하셔야 됩니다. 자꾸 형제의 주위를 맴돌고 음식도 같이 먹고 생일 카드도 보내고 선물도 좀 하시고. 형제가 나에게 관심을 가질 수 있도록 해야겠지요. 불안해하지 말고 기도하면서 상담을 받으시고 형제의 관심을 끄는 노력을 꾸준히 하십시오. 천국도 침노하는 자가 빼앗는다고 하였습니다. 좀 더 적극적인 자세를 취하는 게 좋겠습니다.

"인생의 황금기를 결혼 노력으로 소진하고 싶지 않아요"

29세의 직장 여성입니다. 저는 지금 이대로가 좋습니다. 지금 이 제 인생의 황금기라는 생각이 들거든요. 학창 시절에는 미래에 대한 불안감 때문에, 사회 새내기일 때는 일이 주는 부담감 때문에 지쳐 있었는데 직장 생활 5년차에 접어든 지금은 적당한 긴장과 여유 속에서 삶을 즐기고 있습니다.

물론 나이가 나이인지라 결혼에 대한 고민이 없진 않습니다. 단 제가 정말 결혼하고 싶은 상대가 그리 흔치 않아서 고민이지요. 이런 마음으로 소개팅을 하고 있는 저 자신을 보면 한심합니다. 꼭 사회적인 관습에 끌려가는 것 같아서요. 아무튼 저는 지금 결혼할 생각이 없는데 계속 배우자를 놓고 기도해야 하는지 궁금합니다.

ANSWER

29살이면 결혼 적령기가 넘어가는 시기에 있습니다. 지금 결혼을 해야 할 때인데 아직은 결혼에 대한 열정이 없는 것 같아요. 그러나 자매님은 배우자를 위해 진심으로 기도해야 합니다. 모든 것이 그렇겠지만 결혼도 때가 있습니다. 자매는 지금이 결혼하기에 적절한 나이라고 생각합니다. 책이나 세미나를 통해 성경적인 결혼관을 배우고, 소망을 가지며 자신을 가꾸십시오. 또 좋은 크리스천 형제를 만날 수 있도록 목사님이나 좋은 분께 소개를 받는 것도 괜찮겠습니다. 소개팅도 불신자와 하지 말고 꼭 크리스천과 만나십시오. 자매와 형제가 만나는 것은 서로의 성장에 많은 도움이 됩니다. 주저하지 마시고 적극적으로 결혼 전선에 나아가서 인생의 동반자를 찾는데 하나님과 협력하여 좋은 배우자를 만나시길 바랍니다.